Gabriel Arendt

Einfach Wild!

Schnelle Rezepte für die Alltagsküche

Bayerischer Landwirtschaftsverlag

»Trauen Sie sich und gönnen Sie sich öfter eines der besten, gesündesten und nachhaltigsten Lebensmittel, das unsere Region zu bieten hat!«

Ein Wort zuvor

Vor über 40 Jahren in die Jagd hinein geboren, bin ich heute weder einer dieser Sonntagsjäger, der im Jahr vier Mal auf die Jagd geht und pro Jagdjahr ein bis zwei Stücke Rehwild erlegt, noch bin ich ein Berufsjäger oder Wildbret-Händler. Ich bin mit der Jagd groß geworden, jage aktiv seit meinem 16. Lebensjahr und lebe seither meine beiden Passionen, die Jagd und das Kochen, so gut und intensiv, wie es nur geht. Für die Familie will und muss man da sein, der Beruf, bei mir die Kocherei und die Begleitung von Jagd- und Abenteuerreisen, nimmt meist sehr viel meiner Zeit in Anspruch. Die übrige Zeit lebe ich für die Jagd und bin draußen im Busch. Es gibt Jahre, in denen erlege ich nur 20 Stück Schalenwild, es gibt Jahre, da erlege ich knapp 80 Stück, plus Niederwild wie Hase, Ente, Gans, Kanin und Fasan. All das Wild will nach bestem Wissen und Gewissen verwertet werden. Das kann für eine einzelne Person so nebenbei ganz schön stressig werden. Aber eines ist es auf jeden Fall immer für mich - ein Privileg, eine große Freude, mir in der heutigen Zeit mein eigenes Fleisch erlegen, aufbrechen, abhängen, zerwirken, reifen lassen und zubereiten zu können und zu dürfen. Aber auch die eine oder andere neue Trophäe in meinem Jagdzimmer erfreut mich, wenn ich in ihr die unvergesslichen vergangenen Jagderlebnisse sehe.
Während die Jagd auf Frischlinge und Überläufer, in den meisten Bundesländern mittlerweile auch auf Bachen und Keiler ganzjährig erlaubt ist, beginnt die Jagd auf Rehwild hier bei uns in Bayern am 1. Mai. Später im Sommer, je nach Bundesland, geht dann die Jagd auf Rot-, Dam-, Sika-, Muffel- und Gamswild auf, im Herbst beginnt schließlich die Jagdsaison auf Niederwild wie Hase, Ente und Fasan. In den meisten Bundesländern endet die Jagdsaison auf fast alle Wildarten Ende Januar, zum Teil auch erst Mitte oder Ende Februar. Das ist der Zeitpunkt, an dem ich meinen Gefrierschrank und meine Gefrierkombi kompromisslos leere. Was ich bis dahin nicht an Wildbret verwertet oder verkauft habe, wird zur Freude meiner Familie und Freunde zu Wurst, Leberwurst, Pasteten und Schinken verarbeitet. So ist der Gefrierschrank frei, kann abgetaut, gereinigt und desinfiziert werden und bietet dann wieder genug Platz für die kommende Jagdsaison. Was für ein herrliches Gefühl!
Dieses Buch soll auch Ihnen Freude am Kochen mit Wildbret vermitteln und Ihnen die bunte Vielfalt und die Fülle an Möglichkeiten der modernen Wildküche näherbringen. Unkompliziert und zumeist rasch zubereitet sind die Rezepte in diesem Buch sowohl für Anfänger als auch für die »alten Hasen« der Wildküche bestens geeignet.
Ich möchte Sie mit diesem Werk inspirieren! Wildfleisch ist frisch, zart und eines der besten, gesündesten und nachhaltigsten Lebensmittel, das wir in unseren Regionen erhalten können. Tun Sie sich und Ihren Liebsten öfter einmal etwas Gutes und bereiten Sie sich ein Stück Köstlichkeit aus unserer heimischen Natur zu, Ihr

Gabriel Arendt

»Unikat und Unikum: Egal wo und egal in welcher Umgebung – Gabriel ist immer der perfekte Gastgeber.«

Vorwort von Christoph Wöhrle

Heiße, leckere Miesmuscheln bei Frost und Regen auf einem Campingkocher irgendwo in den Tiefen eines Eifelreviers zubereitet als Stärkung vor einer spannenden nächtlichen Schweinepirsch - so in etwa läuft das mit Gabriel ab, der sich egal wo und egal in welcher Umgebung als perfekter Gastgeber herausstellt.
Ein Unikat und Unikum, mein Freund Gabriel ist eigentlich beides zugleich. Ein Unikat seines Wesens wegen, ein Unikum in seiner Fähigkeit, Menschen durch Bekochen glücklich zu machen, ihnen eine gute Zeit zu bescheren und sie zueinander zu bringen. Gabriel und ich kennen uns nun knapp zehn Jahre. Ich kam damals dazu, in eine der tollsten und speziellsten Freundes- und Jagdgruppen, die man sich nur vorstellen kann. Gabriel sticht dabei heraus, sei es privat, beim Kochen oder auf der Jagd. Ganz oder gar nicht, es gibt kein bisschen. Der Running Gag in der Gruppe ist das Geräusch der Butter, wenn sie mit einem satten »Klonk« in die Pfanne fällt - wohlgemerkt, immer die ganze Butter. Hat es ihm erst einmal ein bestimmtes Stück Wild angetan, dann bremst ihn nichts mehr und er mobilisiert alles an Kräften und Willen, bis er es sicher zur Strecke gebracht hat - egal wie viele Tage er für dieses Stück pirschen muss.
Am stärksten in Erinnerung bleibt mir neben vielen durchschlemmten Abenden in München vor allem unsere erste gemeinsame Jagd auf Murmeltiere im österreichischen Hochgebirge. Das Wetter zeigte sich von seiner dramatischen Seite, Wind und Regenschauer im Wechsel und zusammen, Sonne, Kälte und dann wieder alles durcheinander. So waren wir für ein Wochenende zusammengekommen in den wunderschönen Alpen. Nach erfolgreicher Jagd mit viel Gesang und guten Freunden fing Gabriel zu kochen an. Irgendwann hörten wir auf, die Gänge zu zählen. Auf einem kleinen, alten Holzofen in der Hütte zauberte Gabriel vom kleinen Jägerrecht der erlegten Murmeltiere über die frischen Flügel vom Blaupunktrochen, Tatar vom Gamsrücken und zahlreiche Meeresfrüchte bis hin zum karamellisierten Apfelkuchen mit handgeschlagener Sahne von der Alm. Wir schlemmten stundenlang und waren glücklich.
Das Schöne an solchen Männerfreundschaften ist für mich, dass man sich auch mal über Wochen oder gar Monate nicht hören oder sehen kann, beim nächsten Treffen ist es dann aber so, als wäre man morgens erst nach einer durchfeierten Nacht auseinandergegangen. So würde ich die meisten unserer Wiedersehen, ob in München oder auf der Jagd in den verschiedenen Revieren unserer Gruppenmitglieder, beschreiben und das ist jedes Mal sehr entspannt, ehrlich und schön. Ich freue mich über die Ehre, zu Beginn dieses Buchs einen kurzen Einblick in unsere Freundschaft und gemeinsame Passion geben zu dürfen. Auf noch viele schöne Erlebnisse, Abenteuer und - Waidmanns Heil,

Christoph Wöhrle,
langjähriger Freund und Geschäftsführer Blaser, Frankreich

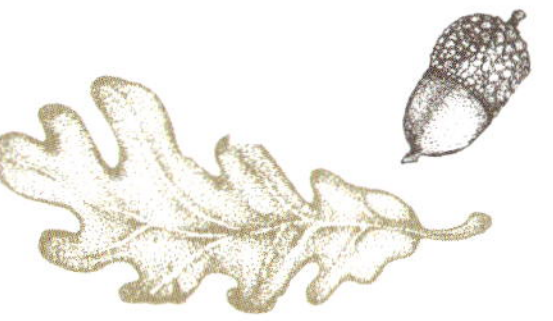

Grundlagen

Wild - ein ganz besonderes Produkt

Wild in der Alltagsküche? Na klar! Dafür gibt es viele gute Gründe: Sein milder, nussiger Geschmack und die hohe Qualität des Fleisches bei nachhaltiger Jagd sind nur zwei davon. Der Ursprung in der freien Natur macht Wildbret außergewöhnlich gut!

Seitdem ich denken kann, bereichert Wildbret in unserer Familie den Speiseplan. Und nicht nur das: Wildbret ist von alters her ein wichtiges Nahrungsmittel für die Menschheit. Schließlich hat die reichhaltige und eiweißreiche Kost unter anderem dazu geführt, dass sich das Gehirn des Menschen seit der Steinzeit und Jungsteinzeit extrem gut entwickeln konnte.
Wildbret ist übrigens die Bezeichnung für Fleisch von wild lebenden und jagdbaren Tieren. Wild gehört niemandem, es ist laut Gesetz herrenlos. Erst durch die Erlegung eines Tieres eignet sich der Waidmann das Stück an und kommt so in dessen Besitz.

Das Gute daran und darin

Heimische Wildtiere verbringen ihr Leben lang in der freien Natur, sind viel in Bewegung und ernähren sich von frischem Grün wie Gräsern, Blättern, Knospen, Wildkräutern, Nadeln, Pilzen, wildem und teils kultiviertem Obst. Hin und wieder kosten sie auch von Wasserpflanzen, zudem zählen Samen wie Eicheln, Kastanien, Bucheckern, Hagebutten, Hasel- und Walnüsse zu begehrten Leckerbissen. Vorwiegend im Winter bessern sie mit Rinden und Wurzeln diverser Bäume und Sträucher das eher karge Nahrungsangebot auf.
Durch diese überwiegend kalorienarme Nahrung bei gleichzeitig viel Bewegung in der freien Natur ist Wildbret im Vergleich zu dem Fleisch von Nutztieren wie Rindern und Schweinen sehr viel magerer, enthält weniger Binde- und im Schnitt mehr Muskelgewebe.
Damit ist Wildfleisch reich an Protein, aber fettarm, zugleich zeichnet es sich durch einen vergleichsweise hohen Gehalt an wertvollen mehrfach ungesättigten Fettsäuren aus. Nicht zuletzt versorgt uns Wildbret mit einer ganzen Reihe von Vitaminen und Mineralstoffen, besonders hervorzuheben ist sein hoher Gehalt an B-Vitaminen sowie an den Spurenelementen Zink, Eisen und Selen. Doch natürlich variiert der jeweilige Nährstoffgehalt je nach Fleischsorte: Wildgeflügel punktet mit etwas mehr Eiweiß, Wildschweine erfreuen den Gaumen mit etwas mehr Fett, und so ist mit Sicherheit für jeden Geschmack das passende Fleisch dabei!

Viel besser als sein Ruf

Trotzdem wird das Fleisch von Reh, Gams, Hirsch & Co. leider immer noch oft zu Unrecht verschmäht und ist mit althergebrachten Vorurteilen belastet. Zwei typische Irrtümer sind meist zu hören: Angekreidet wird zum einen der strenge Geschmack und Geruch von Wildbret, der sogenannte »Hautgout«, zum anderen, dass Wildfleisch trocken und zäh sei. Beides beruht aber nicht auf dem Fleisch an sich, sondern eher auf Unkenntnis im sachgemäßen Umgang mit Wildbret.

VON WEGEN ANRÜCHIG

Stellen Sie sich Fleisch vor, dass unter grenzwertigen Hygienebedingungen zerwirkt wurde und ohne Kühlung zu lange abhängt - der eigentümlich scharfe, würzige Geschmack und Geruch nach dem Abhängen, der Hautgout, nimmt unter diesen Bedingungen nicht wunder. Modern übersetzt würden wir heute liebevoll von »Gammelfleisch« sprechen. Und so stammt die Vorstellung vom besonderen Geschmack des Wildbrets dementsprechend noch aus Zeiten, in denen Fleisch zu lange und zu warm gelagert wurde.

Ein in Felsen geschlagener Weinkeller hat das ganze Jahr über die perfekte Temperatur von 10 bis 14°, um das körperwarme Wildbret direkt nach dem Schuss langsam über Nacht herabzutemperieren, bevor es in die Kühlung zum Reifen gehängt wird.

Wird ihnen heute ähnlich streng riechendes Wildfleisch angeboten, so sollten Sie zumindest dankend ablehnen. Denn solch ein Wildbret darf keinesfalls in den Handel gebracht und somit auch nicht von einem Jäger an eine Privatperson verkauft werden.
Ich führe als Beweis für die Frische und Qualität meines Wildbrets gegenüber Gästen, Freunden und Kunden gerne an, dass ich die Stücke jederzeit und mit Genuss roh verzehren würde - und dies für mich auch selbstverständlich oft tue. Diverse Rezepte in meinen Kochbüchern belegen dies. Dennoch habe ich in meinem ganzen aktiven Jägerleben und nicht einmal früher als Kind Probleme mit dem Verzehr von rohem Wildfleisch gehabt. Allerdings muss ich dazusagen, dass meine Eltern, beide passionierte Jäger, penibel auf Hygiene und die richtige Verarbeitung von Wildbret geachtet haben.

ZÄHE BROCKEN?

Die Konsistenz von Wildbret wird im Wesentlichen von zwei Faktoren bestimmt. Zum einen spielt hier die Jagdmethode eine wichtige Rolle. Ein Stück Wild, das auf einer Drückjagd bereits viele hundert Meter von Hunden durch den Wald gehetzt wurde, hat sehr viel Adrenalin im Fleisch, das dieses beim Reifen rasch sauer werden lässt. Deshalb wird das Stück nie die zarte Fleischqualität haben wie ein Tier, das vom Ansitz oder auf der Pirsch erlegt wurde. Wichtig ist aber auch, dass der Schuss gut platziert und sofort tödlich ist, damit das Stück nicht abspringt und mehrere hundert Meter läuft, bis es zusammenbricht. Darum gilt für mich als Faustregel, an die ich mich seit sehr vielen Jahren halte und damit immer beste Qualität bei meinem Wildbret erziele: Ich erlege kein Stück Wild, das vor dem Schuss einige hundert Meter hochflüchtig unterwegs war, zum Zwecke der eigenen Fleischgewinnung.
Dazu ein Beispiel: Einer der jagdlichen Höhepunkte ist mit Sicherheit, an einer Gamsbrunft im Hochgebirge teilhaben zu können. Hat ein Waidmann dieses Glück, so zählt die Jagd auf den brunftigen Gamsbock zu einem der spannendsten und aufregendsten Erlebnisse überhaupt in unseren Gefilden. Allein schon zu beobachten, wie die schwarzen Böcke die steilen Felswände und Geröllhalden in einem Affenzahn hoch- und wieder hinabspringen, quer über Stock und Stein und das oft über viele Minuten hinweg, um den Nebenbuhler von seinem Rudel fernzuhalten. Keine Frage, hier geht es in erster Linie um das jagdliche Erlebnis und die Trophäe.

Im Frühsommer, wenn die Rehbockjagd aufgeht, werden zunächst die schwachen und geringen Böcke erlegt. Die starken Böcke bejagt man bei richtiger Hege des Reviers erst während oder nach der Blattzeit, also der Rehbrunft.

Eine Jagd ausschließlich zur Fleischgewinnung ist das mit Sicherheit nicht. Aber auch dieses Wildbret will mit Respekt verwertet werden. In diesem Fall verwende ich es allerdings nicht für die alltägliche Küche, sondern mache aus den Keulen und dem Rücken Schinken, während ich das restliche Fleisch zu Pfefferbeißern und Kaminwurzen verarbeite, da es trotz langer Reifung nie einen solch zarten Braten abgeben wird wie das Fleisch von einem Gamsbock, der ruhig äsend erlegt wurde.

Woher nehmen?

Doch was tun, wenn man selbst kein Jäger ist und trotzdem ein Stück Wildbret auf dem Teller haben möchte? Mit Blick auf die vielfach nicht artgerechte Haltung unserer Nutztiere, den anhaltenden und übermäßigen Einsatz von Antibiotika und anderen Medikamenten in der »Tierproduktion« und nicht zuletzt aufgerüttelt durch die regelmäßig wiederkehrenden Lebensmittelskandale wenden sich immer mehr Verbraucher vom Konsum konventionell erzeugter Fleischprodukte ab. Will man nicht gänzlich auf Schnitzel, Steak und Braten verzichten, so liegt der Gedanke nahe, stattdessen auf Fleisch zu setzen, das von Tieren aus freier Wildbahn stammt. Aus der Natur auf den Tisch - damit der Plan aufgeht, gilt es auch bei Wildbret bewusst einzukaufen.

WEIT HERGEHOLT

In gängigen Supermärkten ist inzwischen fast das ganze Jahr über Wildbret in den Tiefkühltruhen zu finden. Doch da die Jagd in Deutschland wie auch in anderen europäischen Ländern stark reglementiert ist und die Wildarten unterschiedliche Schon- beziehungsweise Jagdzeiten haben, gibt es heimisches Wildbret in größerem Umfang meist nur in den Monaten September, Oktober, November, Dezember und Januar zu kaufen. Wildbret, das außerhalb der Jagdsaison verkauft wird, stammt meist aus Übersee. Rothirsche kommen überwiegend aus Neuseeland, Hasen aus Argentinien, Wildschwein aus den USA und Wildgeflügel wie Wachteln, Rebhuhn, Wildente und Taube aus entsprechenden

Durch die seit Jahren stetig wachsende Population von Schwarzwild ist diese Wildart bei uns mittlerweile ganzjährig jagdbar. Während der Setzzeiten ist die Jagd auf Elterntiere, die zur Aufzucht der Jungtiere notwendig sind, verboten.

Zuchten in Frankreich oder Ungarn. Von Wildbret aus Übersee rate ich generell ab. Es wird oft speziell für den Verkauf gezüchtet (Rotwild) oder die jagdlichen und vor allem tierschutzrechtlichen Bestimmungen (USA, Argentinien) sind oft nicht so streng und auf das Tierwohl bedacht wie in Deutschland oder zumindest Europa.

ZUM ABSCHUSS FREIGEGEBEN

Außerdem ist es in Ländern wie England oder Schottland gängige Praxis, Fasane in riesigen Volieren zu züchten und sie dann einige Tage vor großen Gesellschaftsjagden freizulassen. Anschließend können sie von den geladenen Schützen erlegt werden. Die so geschossenen Fasane kommen dann bei uns - ob im Ganzen oder nur die Brustfilets - als »Game«, also als Wildtiere in den Handel, da sie ja immerhin erlegt wurden. Tatsächlich handelt es sich dabei aber um Zuchtfasane, wie es sie auch aus Vogelmastbetrieben in Tschechien, Ungarn und Frankreich zu kaufen gibt, bloß ohne Schrotkugeln.

WILDZUCHTEN

Auch bei uns gibt es immer mehr Zuchten von Rot- und Damwild, um die wachsende Nachfrage insbesondere nach Wildbret aus Deutschland zu befriedigen. Und wer auf seinen geliebten Rebhuhnbraten partout nicht verzichten kann, der ist mit Blick auf den Rückgang der Niederwildpopulation und den Artenschutz gleichfalls gut beraten, sein Rebhuhn aus einer Wildzucht zu beziehen. Das sogenannte Gatterwild unterliegt strengen tierschutzrechtlichen und tierärztlichen Richtlinien und Kontrollen, weswegen dieses Fleisch auf Wunsch bedenkenlos roh verzehrt werden kann. Andererseits handelt es sich auch hier um Tiere, die vom Menschen zum Zweck der Fleischerzeugung gehalten werden. Das Leben in freier Wildbahn sieht anders aus ...

HEIMISCHES WILDBRET

Woher bekommt man dann also das Fleisch von in Deutschland erlegten Wildtieren? Die Vermarktung von heimischem Wildbret läuft über zwei Wege:

→ durch den Jäger direkt
→ durch den Wildbret-Händler

Ob örtliche Metzgereien, Gasthäuser oder Drei-Sterne-Gastronomie - sie alle beziehen ihr Wildbret aus diesen Quellen, meist in Form von ganzen Tieren. Die Stücke werden dann vor Ort fachgerecht zerlegt und entweder sofort zubereitet oder noch frisch veredelt an den Endverbraucher verkauft. Supermärkte, Frische-Paradiese, Hofläden, aber auch Metro, Hamburger und Co. erhalten ihr Wildbret von den Händlern bereits küchenfertig zerwirkt, also zerlegt und vakuumiert, und somit bereit zur Abholung durch den Endverbraucher.

Zu heimischem oder zumindest europäischem Wildbret, egal ob gefroren oder frisch, bleibt zu sagen, dass das

Fleisch meist aus Drückjagden stammt und somit von minderer Fleischqualität ist. Neben der bereits erwähnten Adrenalinausschüttung bei gehetztem Wild wirkt sich insbesondere negativ aus, dass die Tiere oft erst zwei bis vier Stunden nach dem Erlegen aufgebrochen werden – das leistet dem »Hautgout« natürlich Vorschub! Ich persönlich verwerte solches Wildbret nicht mehr. Auch rate ich strikt davon ab, dieses Fleisch roh, also in Form von Tatar, Carpaccio oder Tataki zu verzehren.

VERTRAUENSSACHE

Unverfälschtes und qualitativ hochwertiges Wildfleisch beziehen Sie am besten direkt von einem Jäger Ihres Vertrauens. Und sollten Sie niemanden in Ihrem Bekanntenkreis haben, der immer mal wieder auf die Pirsch geht, so kann man oftmals auf dem örtlichen Wochenmarkt fündig werden. Nicht zuletzt helfen Webseiten wie www.wild-auf-wild.de bei der Suche nach Bezugsquellen in Ihrer nächsten Umgebung.

Die Kosten

Neben den Schwierigkeiten bei der Beschaffung werden nicht selten auch die Kosten als Hinderungsgrund dafür angeführt, warum Wildfleisch nicht öfter auf den Teller kommt. Zugegeben: Fertig zerwirktes, veredeltes, küchenfertig pariertes und vakuumiertes Wildbret hat durchaus seinen Preis. Wer jedoch keine Berührungsängste mit dem Zerlegen eines Tieres hat und handwerklich einigermaßen geschickt sind, sollte sich ein halbes Wildschwein oder ein ganzes Reh fertig abgehangen kaufen. Das spart dem Jäger Zeit, Arbeit und die Kosten für Verbrauchsmaterialien wie Desinfektionsmittel, Reinigungsmittel, Einmalhandschuhe und -schürzen, Papierhandtücher etc. Deswegen sind hier je nach Wildart Kilopreise von 2,50 bis 7,50 € gängig. Das ist mit Sicherheit die günstigste Alternative, an Wildbret zu kommen. Was Sie genau tun müssen, um das Stück zu zerlegen, küchenfertig zu parieren und fachgerecht tiefzukühlen, ist auf den folgenden Seiten dargelegt.

In Notzeiten sind Jäger verpflichtet, dem Wild Futter bereitzustellen. Neben der Auswahl des passenden Futters ist zur Bekämpfung von Wildkrankheiten das Kalken der Böden an den Futterplätzen äußerst wichtig.

Fleisch vorbereiten

Gutes Fleisch will auch so behandelt werden. Neben dem richtigen Handwerkszeug braucht es dazu vor allem eines: einen sauberen Arbeitsplatz und penible Hygiene bei der Verarbeitung.

Messer

Eigentlich benötigt man kein besonderes Equipment, damit die Rezepte in diesem Buch gelingen. Die meisten Dinge finden sich in jedem für die Alltagsküche ausgestatteten Haushalt. Wer sein Fleisch jedoch eigenhändig abziehen, abschwarten, zerwirken und zerlegen will, dem empfehle ich drei verschiedene Messertypen: ein kleines Ausbeinmesser, ein Filetiermesser mit längerer, flexibler Klinge und ein großes, ausreichend langes Fleischermesser zum Schneiden von Gulasch, Rouladen, Schnitzeln, Bratenstücken etc. Die Messer müssen unbedingt scharf sein, das ist das A und O beim Zerwirken. Um die Klingen wieder richtig schön scharf zu schleifen, verwende ich einen feinen ovalen Diamantwetzstahl oder einen gefederten Messerschleifer.

Sonstiges Equipment

Arbeits- und Küchenbretter sollten, wenn möglich, aus lebensmittelechtem Kunststoff sein. Wer großen Wert auf Naturmaterialen legt, nimmt solche aus Bambus. Holzbretter haben den Nachteil, dass sie grobporiger sind als Bambus und somit schneller Flüssigkeit aufsaugen. Bei Blut und austretendem Fleischsaft ist das keine hygienische Sache und kann schnell zu unerwünschter Keimbildung und demnach zu unschönen gesundheitlichen Folgen führen. Ich empfehle zur Verarbeitung von Fleisch, Geflügel und Fisch Kunststoffbretter. Diese nehmen keinerlei Feuchtigkeit auf, können rückstandslos geputzt, in der Spülmaschine heiß abgewaschen und anschließend desinfiziert werden.

Warm-up

Soll Fleisch nicht roh verzehrt werden, so rate ich dazu, es schon einige Zeit vor der Zubereitung aus dem Kühlschrank zu nehmen. Bei Hackfleisch, Gulasch oder Geschnetzeltem genügen 15–30 Min. Vorlauf. Für Gerichte, bei denen das Fleisch nach dem Braten oder Grillen in der Mitte rare bis medium sein soll, muss es dagegen schon mindestens eine Stunde, besser noch zwei bis drei Stunden vorab aus dem Kühlschrank genommen werden. Wildbret ist sensibel und bleibt besonders zart und saftig, wenn es nicht übermäßig lange in Pfanne oder Ofen verweilen muss. Bei Fleisch, das bereits auf Zimmertemperatur gebracht ist, erreiche ich die gewünschte Kerntemperatur auf wesentlich kürzerem Zubereitungsweg als bei kühlschrankkalten Stücken.

Die Sache mit dem Hackfleisch

Die Herstellung und Verarbeitung von Hackfleisch ist ein Thema für sich. Nicht weil sie komplizierter wäre als die Zubereitung anderer Fleischstücke, sondern weil die Keimbildung bei Hackfleisch aufgrund der sehr viel größeren Oberfläche deutlich rasanter voranschreitet als bei einem einfachen Steak. Daher gilt es bei der Zubereitung von Hackfleisch penibel auf Hygiene zu achten. Verwenden Sie also nur Wildbrett, von dem Sie exakt wissen, woher es kommt, wie es erlegt worden ist und wie es bisher verarbeitet wurde. Tragen Sie bei der Zubereitug Einmalhandschuhe und arbeiten Sie mit desinfizierten Messern und Schneidebrettern. Wer Tatar oder generell Hackfleisch gerne gewolft isst, dreht es durch die 5-mm-Scheibe im Fleischwolf. Fleischwolf und Zubehör, wie Scheiben und Spiralen, sollten gleichfalls sauber desinfiziert sein. Ich persönlich schneide das Hackfleisch für Tatar prinzipiell mit einem Messer, weil ich weiterhin die Struktur des gewählten Fleischstückes im Mund spüren, erkennen und genießen möchte. Die geschnittene Struktur von Hackfleisch ist im Mund sehr viel eleganter als das oft viel zu fein im Fleischwolf durchgedrehte Hackfleisch. Ob geschnitten oder gewolft – oberstes Gebot bei der Herstellung von Hackfleisch ist in jedem Fall: frisches rohes Hackfleisch, das nicht umgehend verwendet wird, unbedingt noch am selben Tag vakuumieren und in den Tiefkühler geben.

1 Gut geschliffene, scharfe Messer dürfen in keiner Küche fehlen.

2 Fleisch sollten Sie der Hygiene wegen auf Schneidbrettern aus Kunststoff verarbeiten. Solche aus Naturmaterialien saugen – mit Ausnahme von Bambus – Blut und Fleischsaft auf.

3 Ein Fleischwolf ist eine lohnenswerte Anschaffung: Für die Zubereitung von Hackfleisch verwende ich die 5-mm-Scheibe, für Pasteten und feine Leberwürste 3 mm und kleiner.

4 Geheimtipp für Spezialisten: Wer sich fürs Wursten interessiert, kann mit solch einer handbetriebenen Wurstspritze den Anfang wagen.

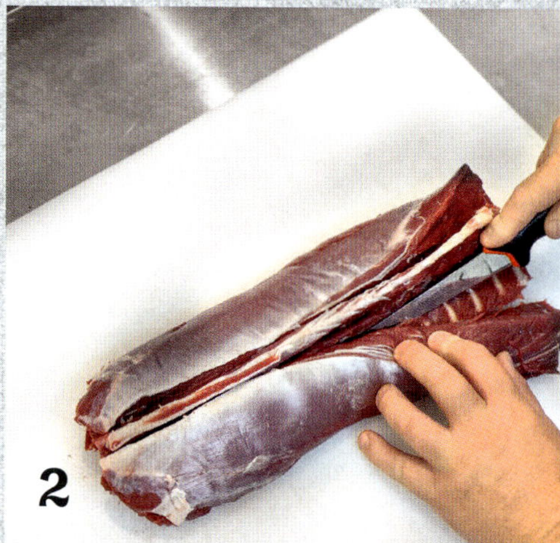

1 Mit einem flexiblen Messer, zum Beispiel einem Filetiermesser, links und rechts dicht an der Wirbelsäule entlang bis auf die Rippen schneiden.

2 Jetzt mit leichtem Druck auf das Messer entlang der Wirbelsäule und den Rippen Stück für Stück das zarte Wildbret vom Knochen lösen.

3 Mit dem Messer in gleichmäßig lang gezogenen Schnitten das Fleisch von den Rippenenden lösen.

4 Zum Entfernen der Silberhäute das Messer dicht unter die Silberhaut stechen und diese mit ziehenden Schnitten und leichtem Schnittwinkel nach oben vom Fleisch lösen.

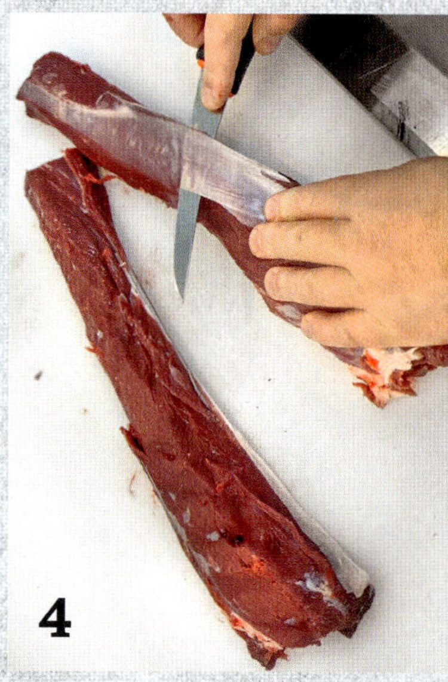

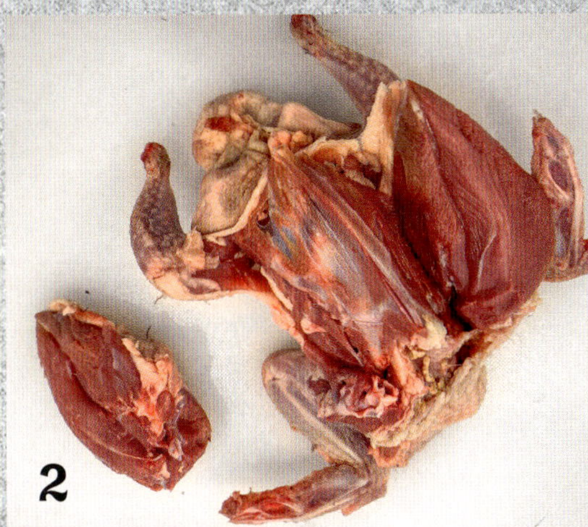

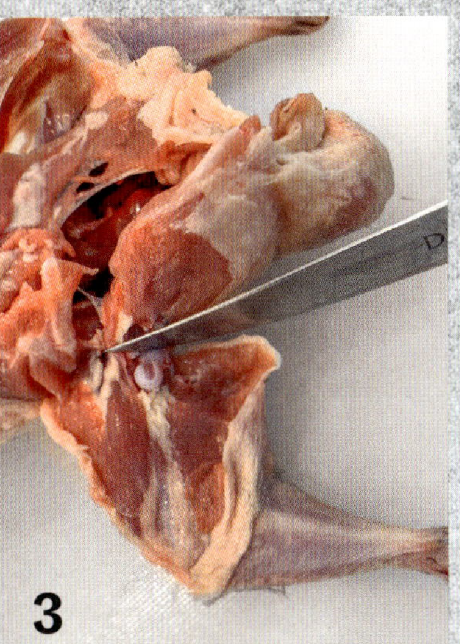

1 Brustmuskel links und rechts am Brustbeinkamm entlang bis auf den Brustbeinboden aufschärfen, dann vom Brustbeinboden abschärfen.

2 Brustmuskel mit Haut abschneiden, auf der anderen Seite die gleichen Schnitte durchführen.

3 Die Flügel jeweils an den Oberarm-/Schultergelenken, die Keulen (wie hier im Bild) am Oberschenkel-/Beckengelenk abtrennen.

4 In seine vier Hauptbestandteile zerwirktes Federwild. Die Karkasse in der Mitte eignet sich hervorragend für die Zubereitung von Suppen, Saucen und Fonds (s. S. 39).

Gefrierkunde

Das Einfrieren und Auftauen von Wildbret ist nicht nur für Jäger, bei denen große Fleischmengen anfallen, ein wichtiges Thema. Wildfleisch ist nicht das ganze Jahr über erhältlich, kann fachgerecht aufbereitet und tiefgekühlt aber ganzjährig genossen werden.

Mit diesem Buch möchte ich Sie davon überzeugen, dass Wildfleisch nicht nur ein hervorragend schmeckendes und äußerst gesundes Lebensmittel ist, sondern sich auch so einfach zubereiten lässt wie jedes herkömmliche Fleisch. Sind Sie erst einmal auf den Geschmack gekommen, so lohnt es, beim Jäger oder Wildbrethändler gleich ein halbes oder ganzes Tier zu erwerben. Das ist nicht nur deutlich günstiger, sondern sichert Ihnen auch einen kleinen Vorrat für die kommenden Wochen. Vorausgesetzt, dass Sie das Fleisch fachgerecht tiefkühlen.

Tiefkühlen - Dos & Don'ts

Wer Wildbret auf Vorrat einkauft, hat im Tiefkühlschrank oder in der Tiefkühltruhe einen wichtigen Komplizen. Denn was im Kühlschrank schon nach wenigen Tagen verdirbt, bleibt tiefgekühlt einige Wochen bis Monate haltbar. Damit die Qualität des Fleisches, seine Inhaltsstoffe, Vitamine und der Geschmack erhalten bleiben, hier ein paar grundsätzliche Regeln:

→ Arbeiten Sie stets sauber und hygienisch.

→ Je kürzer desto besser! Frieren Sie Ihr Wildbret so kurz wie möglich bzw. nur so lange wie nötig ein.

→ Je magerer das Fleisch, desto länger ist es haltbar.

→ Waschen Sie das Wildbret nicht vor dem Tiefkühlen, sondern tupfen Sie es gründlich mit Küchenpapier ab.

→ Von der Verwendung handelsüblicher Gefrierbeutel oder sogenannter Zip-Lock-Beutel zum Tiefgefrieren von Fleisch und Fisch rate ich generell ab. Zum einen bestehen diese Beutel meist aus sehr dünnem Kunststoff. Dies hat zur Folge, dass gegebenenfalls vorhandene Knochen sehr leicht durch die Tüten stechen oder dass diese beim Umschichten in der Gefriertruhe Löcher bekommen oder aufreißen. Zum anderen bleibt beim Tiefkühlen in Gefrierbeuteln meist viel zu viel Restluft um das Gefriergut zurück. Wenn Fett mit Sauerstoff in Berührung kommt, wird es schnell ranzig. Überdies haben beschädigte Beutel oder Lufteinschlüsse Kristallbildung auf dem Fleisch zur Folge, was dann zu Gefrierbrand führen kann. Gefrierbrand ist weder gefährlich noch gesundheitsschädlich. Allerdings verliert betroffenes Fleisch an Geschmack und die Konsistenz wird beim Verarbeiten zäh. Auf dunklem Fleisch, wie etwa dem vom Rehwild, zeigt sich Gefrierbrand als trockene, graubraune Stellen. Helles Wildfleisch von Kaninchen oder Fasan bekommt stattdessen weiße Flecken.

Einen guten Vakuumierer bekommen Sie ab 300 € - eine langlebige Investition in die Qualität Ihrer Lebensmittel.

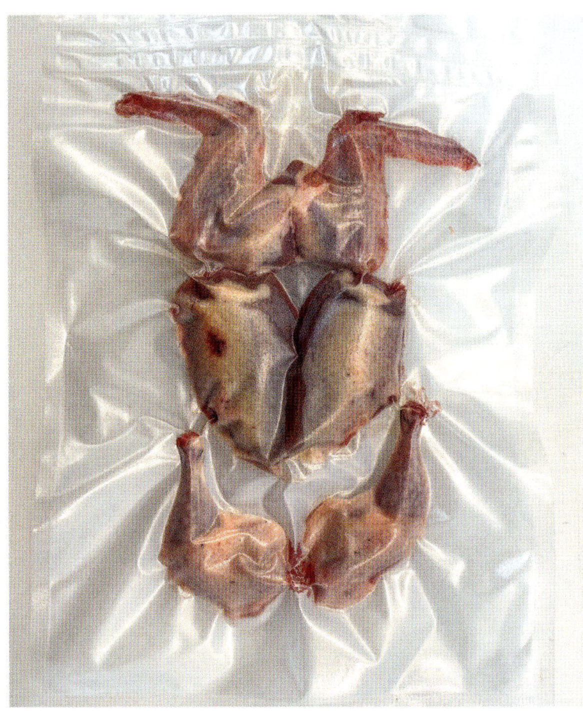

Perfekt vakuumiertes und für den Tiefkühler vorbereitetes Wildbret. Lufteinschlüsse im Gefrierbeutel gilt es unbedingt zu vermeiden, da die im Fleisch enthaltenen Fette bei Kontakt mit Luft schnell ranzig werden. Durch Kristallbildung auf dem Fleisch kann es außerdem zu Gefrierbrand kommen.

→ Als Gedächtnisstütze: Vermerken Sie auf der Verpackung, wann Sie das betreffende Stück Wildbret tiefgefroren haben. Beschriften Sie den Beutel jedoch unbedingt, bevor Sie das Fleisch darin vakuumieren. Der Stift durchstich sonst leicht die Folie des Beutels und hebt den Vakuumeffekt auf.

→ Je tiefer die Temperatur und je schneller das Fleisch durchfriert, desto besser. So können sich die Wassermoleküle in den Zellen nicht so weit ausdehnen wie beim langsamen Einfrieren und die Zellwände bleiben weitestgehend unverletzt. Dadurch verliert das Fleisch später beim Auftauen weniger Wasser und bleibt unverändert zart. Schockfrosten mit flüssigem Stickstoff wäre hier mit Sicherheit die beste Wahl, ist aber in den üblichen Haushaltsgeräten zumeist nicht möglich. Mit einer modernen Tiefkühltruhe, die man zumindest auf -26 °C einstellen kann, kommt man dem Ganzen aber schon recht nahe.

→ Stapeln Sie beim Tiefkühlen größerer Mengen die Vakuumbeutel nicht übereinander, sondern legen Sie diese nebeneinander oder in unterschiedliche Schubladen, damit das Fleisch möglichst schnell auf die gewünschte Temperatur gebracht werden kann. Sind die Stücke erst einmal tiefgekühlt, können sie auch gerne wieder eng übereinander geschichtet werden.

→ Wenn Sie größere Mengen Fleisch auf einmal einfrieren wollen, sollten Sie immer die »Superfrost«-Taste betätigen, damit die Kühlung längere Zeit ununterbrochen läuft. So erreicht das Tiefkühlgerät in kurzer Zeit sehr niedrige Temperaturen.

→ Schließen sie das Tiefkühlgerät immer so schnell wie möglich. Das ist ganz besonders in den warmen Sommermonaten sehr wichtig!

Ab einer Temperator von -18 °C wird die Keimvermehrung im Fleisch gestoppt, gleichzeitig verlangsamt sich die Fettoxidation. Beides erklärt, warum bei mindestens -26 °C tiefgekühltes Wildfleisch auch nach einigen Jahren noch äußerst schmackhaft ist und bedenkenlos im gegarten Zustand verzehrt werden kann (s. Tabelle).

Auftauen - Dos & Don'ts

So wie das richtige Tiefkühlen über die Haltbarkeit des Wildbrets bestimmt, so entscheidet das richtige Auftauen über die spätere Qualität des Fleisches auf Ihrem Teller und das Geschmackserlebnis. Darum dürfen hier die wichtigsten Tipps zum schonenden Umgang mit den gefrorenen Köstlichkeiten nicht fehlen.

Mindesthaltbarkeit von Wildbret in Tiefkühlschränken, -truhen und -fächern

Wildart/Produkt	MH* in Monaten bei Temperatur -6° bis -10° (Integrierte *, ** und *** Gefrierfächer/Eiswürfelfächer in Kühlschränken eignen sich nicht zum Einfrieren von Fleisch. Bereits gefrorene Produkte können dort aber einige Zeit aufbewahrt werden) **Nicht ratsam!**	MH* in Monaten bei Temperatur -16° bis -20° (Gefrierfächer und Schubladen in Kühl- Gefrierkombis)	MH* in Monaten bei Temperatur -26° plus (Moderne Gefriertruhen und -Schränke, oft bis -30° möglich)
Schalenwild außer Schwarzwild	4	12	24 +
Schwarzwild	2	8-10	18 +
Feldhase	2	12	18 +
Wildkaninchen	2		18 +
Fasan, Rebhuhn	1-2	12	18 +
Taube	1-2	12	18 +
Wildente, Wildgans	1	6-8	12
Leber, Nieren	-	6	12
Herz	2	10-12	18
Hackfleisch mager	-	3-5	12-18
Hackfleisch fett	-	3	12
Wildwürste roh	-	6	12
Wildwürste gebrüht	1-2	10	24
Wildschinken mager	2-3	12	24 +
Wildschinken fett	1-2	6-8	18

***MH** = Mindesthaltbarkeit

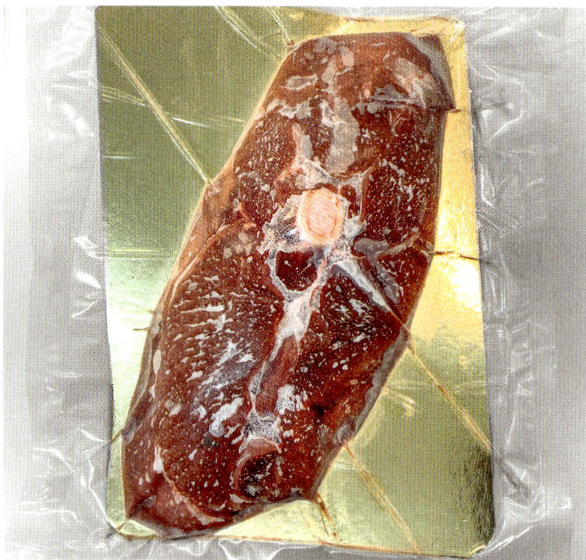

Oben: Luftfrei verpacktes und korrekt aufbereitetes Rehrückenfilet. Nach 8 Stunden Tiefkühlen kann daraus hauchzartes Rehcarpaccio zubereitet werden (s. S. 53).
Unten: Richtig vorbereitet und vakuumiert verliert das Wildbret selbst nach zwölf Monaten in keinster Weise an Qualität.
Hier ein 1000-g-Steak von der Beinscheibe eines Damhirsches.

→ Gerade Wildfleisch ist ein sehr sensibles Fleisch und will als solches behandelt werden. Beim Reifen wird dem Fleisch die nötige Zeit gegeben. Im Tiefkühler verweilt es mitunter viele Monate. Dann muss es beim Auftauen auch nicht in fünf Minuten gehen. Legen Sie darum tiefgekühltes Wildbret niemals zum Auftauen in warmes Wasser - egal, ob mit Beutel oder ohne. Tauen Sie das Fleisch auch nicht in der Mikrowelle oder im Ofen mit der Funktion »Defrost« oder »Schnellauftauen« auf. Dies hat einen hohen Verlust von Fleischsaft und somit schlechte Qualität zur Folge. Das Auftauen sollte nur im Kühlschrank oder an Plätzen erfolgen, die eine Temperatur von 3 bis 7 °C nicht überschreiten.

→ Lassen Sie das Fleisch zum Auftauen im Vakuumbeutel oder geben Sie es mit Frischhaltefolie bedeckt auf einen Gitterrost und diesen auf ein Blech, damit der austretende Fleischsaft ablaufen kann.

→ Den aufgefangenen Fleischsaft unbedingt entsorgen. Dieser kann ein potenzieller Bakterienherd sein.

→ Das Fleisch vor der Zubereitung auf keinen Fall abwaschen. Dadurch werden eventuell vorhandene Bakterien nicht nur in der Umgebung verteilt, sondern auch über die Oberfläche und in tiefere Schichten des Fleisches. Wollen Sie das Stück nicht noch am selben Tag zubereiten, sondern erst einmal marinieren, könnte dies schwerwiegende Folgen haben.

→ Das Fleisch nur mit Küchenpapier trocken tupfen.

→ Hackfleisch nach dem Auftauen sofort verarbeiten und gut durchgaren.

→ Fleisch, das nach dem Auftauen oder gegebenenfalls noch angefroren für den rohen Verzehr gedacht ist (Carpaccio, S. 52; Tataki, S. 55; Tatar, S. 86), sollte umgehend verarbeitet und gegessen werden.

→ Fleisch für Gegrilltes, Kurzgebratenes oder Braten sollte vor der Zubereitung etwa zwei bis drei Stunden bei Zimmertemperatur »atmen« (s. S. 16). Hierzu aus dem Kühlschrank nehmen, vom Plastik befreien, mit Küchenpapier abtupfen und auf einem Teller mit Frischhaltefolie bedeckt auf Raumtemperatur bringen. Dabei direkte Sonneneinstrahlung vermeiden!

→ Bei Fleisch für Gulasch, Geschnetzeltes, Geschmortes oder für die Zubereitung in der Suppe ist das vorherige »Atmen« bei Zimmertemperatur nicht zwingend notwendig, dennoch sind 15 bis 30 Minuten ratsam.

→ Express-Auftauen nur im Notfall, beispielsweise bei spontanem Besuch. Dazu das Fleisch im Vakuum-

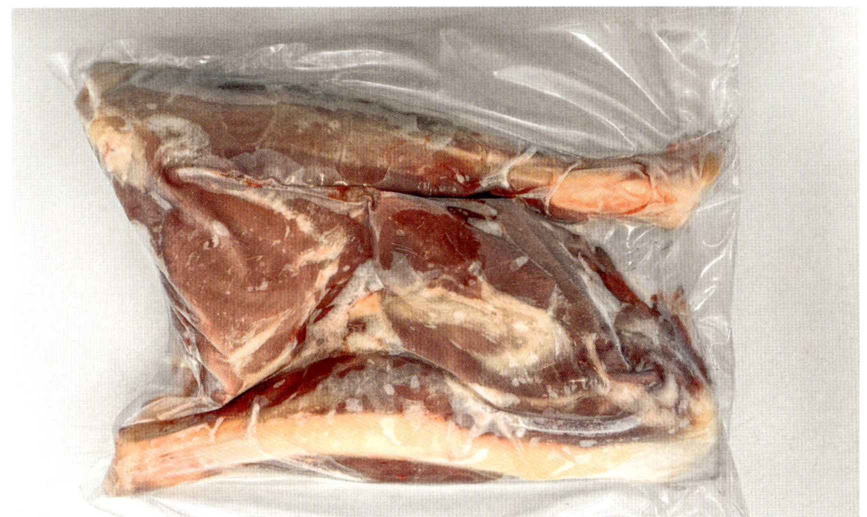

Beim Vakuumieren von Fleisch mit Knochen ist penibel darauf zu achten, dass spitze Knochenenden oder scharfkantige Sägeschnitte an Knochen die Folie nicht durchstechen. Hier die Haxen von einem Rotwild-Schmaltier.

beutel belassen und ins Eiswasserbad geben. Wasser leitet Wärme etwa 20-mal schneller als Luft.

→ Wurde das Wildfleisch bei mindestens -18 °C, besser noch -26 °C tiefgefroren und wie oben beschrieben schonend im Kühlschrank aufgetaut, so kann Schalenwild problemlos ein zweites Mal bei gleicher Temperatur eingefroren werden, ohne sonderlich an Qualität zu verlieren. Dies gilt nicht für Schwarzwild!

Alles eine Sache der Planung

Wie lange Sie in etwa warten müssen, bis Sie nach schonendem Auftauen mit dem Kochen starten können, ist für verschiedene Fleischstücke in nebenstehender Tabelle aufgelistet. Zugegeben: Eilige mögen beim Anblick der Auftauzeiten erst einmal stutzen, letzten Endes ist es aber nur eine Sache der Planung, ob Sie Ihr köstliches Wildbret zu gegebenem Anlass auf den Tisch bringen können. Wollen Sie beispielsweise abends mit Freunden einen ausgelösten Rehrücken oder Steaks aus der Rothirschkeule grillen, so nehmen Sie das jeweilige Fleisch schon am Morgen aus dem Tiefkühler und lassen es im Vakuumbeutel verpackt im Kühlschrank auftauen. Soll am Sonntagabend eine Rehkeule für Ihre Familie als Festtagsbraten herhalten, dann kommt diese bereits am Freitagabend aus der Tiefkühltruhe in den Kühlschrank, damit sie bis Sonntagmittag aufgetaut ist und zubereitet werden kann. Soll diese aber noch drei Tage lang in Portwein und Gewürzen marinieren, beginnt das Auftauen eben schon am Dienstag ...

Durchschnittliche Auftauzeiten in haushaltsüblichen Kühlschränken bei 3 bis 7 °C

Rückenfilet von Reh, Gams, Frischling, Mufflon	8 Stunden
Rückenfilet von Hirsch, adultem Schwarzwild	20 Stunden
Steaks aus Rücken oder Keule	6–8 Stunden
Keule von Reh, Frischling	20 Stunden
Keule von Gams, Mufflon, Überläufer	28 Stunden
Keule von Hirsch, adultem Schwarzwild	48 Stunden
Rücken ganz von Reh, Gams, Frischling, Mufflon	28 Stunden
Schulter/Schäufele/Blatt von Reh, Gams, Frischling, Mufflon	12 Stunden
Schulter/Schäufele/Blatt von Hirsch, adultem Schwarzwild	20 Stunden
Haxerl von Reh, Gams, Frischling, Mufflon, Hirschkalb	8 Stunden

Meine Küchenphilosophie

Qualität vor Quantität. Die Auswahl und die Frische meiner Produkte haben höchste Priorität. Hier gehe ich keinerlei Kompromisse ein. Ich weiß, woher Wildbret und alle anderen Zutaten herkommen, die durch meine Hände gehen.

Das Buch soll Ihnen Freude an der Zubereitung von Wildbret vermitteln und Ihnen zeigen, dass Wildfleisch heutzutage ein sehr frisches, regionales Produkt ist und sich bestens in die Alltagsküche integrieren lässt. Sie können bei nahezu allen Rezepte das Fleisch von Rind, Huhn, Pute und Schwein durch Wildbret ersetzen und werden dabei überrascht feststellen: Das schmeckt ja mindestens genauso gut, wenn nicht sogar besser! Während Wildfleisch früher meist festlichen Anlässen vorbehalten war, erfreut es sich inzwischen auch in der Alltagsküche zunehmender Beliebtheit: Ob Vollkornbrot mit selbst gebeiztem Rehschinken (s. S. 56) als Pausenbrot für Ihre Liebsten, Pasta mit Wildgansbolognese (s. S. 162) nach der Schule oder das Wiener Wildschweinschnitzel (s. S. 126) mit einem gemischten Salat zum Abendessen - gesünderes Fleisch gibt es nicht! Die Rezepte, die ich in diesem Buch für Sie neu kreiert und zusammengetragen habe, sind nach meinem Gusto erstellt und entwickelt worden. Genauso schmecken sie für mich am besten. Das Spannende am Kochen ist aber, dass alle Geschmäcker verschieden sind, und so sehen Sie bitte auch dieses Kochbuch nicht als ultimative Küchenfibel, sondern als Leitfaden voll neuer Ideen. Dabei werden Sie schnell feststellen, dass Alkohol in meiner Küche eine zum Teil tragende Rolle spielt. Die Geschmäcker der unterschiedlichen Alkoholika, alleine schon die Tiefe und die Beschaffenheit der verschiedenen Weine bergen für mich eine schier endlose Vielzahl an Gerüchen und Geschmäckern, die meiner Meinung nach immer wieder das eine oder andere von mir kreierte Rezept bereichern können. Kurz gesagt, ich koche sehr gerne und relativ viel mit Alkohol. Das hat natürlich seine Gründe: Zum einen gibt das richtige alkoholische Getränk dem einen oder anderen Rezept noch das gewisse Etwas. Zum anderen wirkt ein Schuss Alkohol, dem Gericht erst ganz am Ende beigefügt, als eine Art finaler Geschmacksbooster, der eine Vielzahl der verwendeten Gewürze hervorhebt und die Geschmacksnerven auf diese Weise positiv stimuliert. Grundsätzlich koche ich immer mit dem Wein, den ich später auch zum Essen serviere. So sind Speise und begleitender Wein harmonisch aufeinander abgestimmt. Ein kleiner Trick mit großer Wirkung! Die Anschauung, dass zum Kochen auch ein billigerer Wein genügt, lehne ich dagegen kategorisch ab. Schlechter Wein gehört in den Ausguss und nicht ins Essen! Wer auf Wein oder andere Alkoholika verzichten will, der sei dazu ermutigt, nach dem speziell für ihn passenden Ersatz zu suchen. Trauen Sie sich und werden Sie kreativ!

»Und jetzt viel Freude und Genuss beim Kochen!«

IHR GABBRIEL ARENDT

Rezepte

Basics für die Wildküche

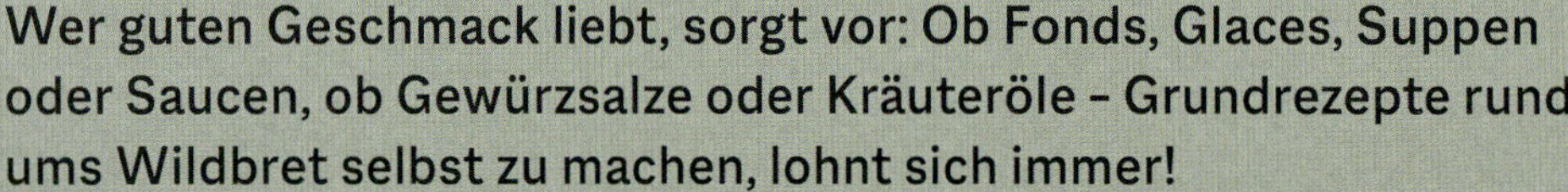

Wer guten Geschmack liebt, sorgt vor: Ob Fonds, Glaces, Suppen oder Saucen, ob Gewürzsalze oder Kräuteröle – Grundrezepte rund ums Wildbret selbst zu machen, lohnt sich immer!

Als leidenschaftlicher Jäger und Koch achte ich seit jeher darauf, was für Produkte bei mir im heimischen Kochtopf landen. Schon meine Eltern kochten ohne jegliche Convenience- und Fertigprodukte, wofür ich ihnen bis heute sehr dankbar bin. Denn liest man sich einmal bewusst die Zutatenlisten auf Fertigprodukten durch, so wird schnell klar, dass dies nichts mehr mit den natürlichen Ingredenzien zu tun hat, die in eine gute Brühe oder ein feines Würzsalz gehören. Dem guten Geschmack sind all die Zusatzstoffe ganz sicher nicht zuträglich, und für die vermeintliche Zeitersparnis zahlen wir gesundheitlich einen hohen Preis. Fertigprodukte kommen mir also nicht in die »Tüte«.

Der größte Vorteil der Eigenherstellung ist ganz klar: Man weiß genau, was drin ist. Das ist nicht nur in Bezug auf die Qualität der Zutaten ein Pluspunkt, sondern auch in Bezug auf die Bekömmlichkeit: Ich kann meine selbst gemachten Produkte auf meine persönlichen Bedürfnisse abstimmen. Habe ich beispielsweise eine Allergie gegen Sellerie, so koche ich einfach ohne Sellerie. Habe ich Probleme mit dem Herzen oder zu hohem Blutdruck, so reduziere ich Salz und Zucker. Meist sind selbst gemachte Produkte unterm Strich auch sehr viel günstiger als vergleichbare gekaufte, besonders, wenn man sie in größeren Mengen vorbereitet. Und mindestens zwei Pluspunkte für die Umwelt gibt's auch - weniger Verpackungsmüll und kurze Transportwege.

Einer der wichtigsten und schönsten Vorteile der Eigenherstellung ist und bleibt aber ganz klar der köstliche Geschmack! Basics wie Würzsalze, Kräuteröle, Fonds und Basen für Suppen können ganz einfach aus besten Zutaten selbst produziert werden. Einige Tipps und Tricks sowie Rezepte stelle ich Ihnen in diesem Abschnitt vor. Und zum Thema Zeit: Ja, eine Brühe selbst zu kochen dauert etwas, aber der Aufwand steigt nicht mit der Menge. Es bedeutet kaum Mehrarbeit, statt 500 ml gleich 20 l Wildfond zu fertigen. Das Gleiche gilt für Salze und Öle. Darum gleich eine größere Menge vorbereiten, passend zum persönlichen Bedarf und dem Fassungsvermögen von Gefrier- oder Vorratsschrank. Wichtig sind bei der Zubereitung von Produkten für den Vorratsschrank auf jeden Fall besondere Hygiene und Sorgfalt beim Verarbeiten der Zutaten sowie das Sterilisieren von Einweggläsern und -flaschen vor dem Befüllen: Dazu die Gläser und Deckel gut 10 Minuten in kochendes Wasser geben. Anschließend nur kurz abtropfen lassen, dann sofort befüllen und verschließen. Kommen Keime mit ins Glas, verderben Brühe und Co.

Salze sind gut verschlossen aufbewahrt nahezu unbegrenzt haltbar. Spezielle Würzzutaten sorgen für eine individuelle Note.

Gewürzsalz »Wild«

mit orientalischer Note

ca. 550
Gramm

5
Minuten Zubereitung

20
Minuten Trocknen

Zutaten
- → 15 g schwarzer Pfeffer
- → 9 g langer Pfeffer
- → 9 g Pimentkörner
- → 2 Muskatblüten
- → 15 g Wacholderbeeren
- → 4 Nelken
- → 5 getr. Lorbeerblätter
- → 7 g Korianderkörner
- → 5 cm Zimtrinde
- → 500 g Fleur de Sel

1. Den Backofen auf 120° vorheizen. Ein Backblech mit Backpapier auslegen.
2. Sämtliche Gewürzzutaten in der Gewürzmühle zu einem groben Pulver mahlen.
3. Fleur de Sel auf dem vorbereiteten Blech gleichmäßig verteilen und ganz leicht mit Wasser besprühen.
4. Die Gewürzmischung gleichmäßig über das Fleur de Sel verteilen. Das Blech in den Ofen (Mitte) schieben und das Wildgewürzsalz ca. 20 Min. trocknen lassen.

Kräutersalz »mediterran«

mit den Aromen des Südens

ca. 550
Gramm

5
Minuten Zubereitung

Zutaten
- → 3 EL getr. Kräuter der Provence
- → 1 EL getr. Oregano
- → 10 Blätter getr. Salbei
- → 3 TL getr. Estragon
- → 1 TL schwarze Pfefferkörner
- → 2 TL Knoblauchpulver
- → 500 g feines Salz

1. Die getrockneten Kräuter und die Pfefferkörner in der Gewürzmühle zu feinem Pulver mahlen.
2. Die Kräutermischung mit dem Knoblauchpulver zum Salz in eine Schüssel geben und gut vermischen.

Variante
Für ein Lavendelsalz 1 EL Lavendelblüten fein mahlen und gründlich mit 500 g Salz vermischen.

Gewürzsalz »Wild«

Kräutersalz »mediterran«

Kräuter-Gewürzsalz »Exotika«

Kräuter-Gewürzsalz »Exotika«

scharf kombiniert

ca. 550
Gramm

5
Minuten Zubereitung

20
Minuten Trocknen

Zutaten

→ 1½ EL getr. Orangenschalen
→ 3 getr. Bird Eye Chilis
→ 2 TL Korianderkörner
→ 2 TL getr. Zitronengras
→ 4 TL getr. Thymian
→ 1 TL Espressopulver
→ 3 TL Ingwerpulver
→ 2 TL Knoblauchpulver
→ 2 TL gemahlener Kreuzkümmel
→ 1 TL Senfpulver
→ 2 TL Kakaopulver
→ 500 g grobes Meersalz

1. Den Backofen auf 120° vorheizen. Ein Backblech mit Backpapier auslegen.

2. Orangenschale, Chili, Korianderkörner, Zitronengras, Thymian und Espressopulver in einer Gewürzmühle fein mahlen. Dann mit den übrigen Würzzutaten in eine Schüssel geben und gründlich vermischen.

3. Das Salz auf dem vorbereiteten Blech gleichmäßig verteilen und ganz leicht mit Wasser besprühen.

4. Die Gewürzmischung gleichmäßig über das Salz verteilen. Das Blech in den Ofen (Mitte) schieben und das Kräuter-Gewürzsalz ca. 20 Min. trocknen lassen.

Wildgewürz »Einfach Wild!«

die ganze Welt der Aromen

ca. 200
Gramm

5
Minuten Zubereitung

Vorrats-Tipp
Das Gewürz ist in einer lichtgeschützten Dose und gut verschlossen unbegrenzt haltbar.

Zutaten

- → 6 grüne Kardamomkapseln
- → 3 TL Wacholderbeeren
- → ½ TL Chiliflocken
- → 2 EL bunte Pfefferkörner
- → 3 TL Kubebenpfeffer
- → 2 TL Pimentkörner
- → 1 EL weiße Senfkörner
- → 2 TL Korianderkörner
- → 1 TL Kümmel
- → 1 TL Fenchelsamen
- → 4 Lorbeerblätter
- → 2 TL getr. Majoran
- → 3 TL getr. Thymian
- → 3 TL Orangenschale
- → 5 Nelken
- → 2 TL Zimtblüten
- → 1 Sternanis
- → 3 Muskatblüten
- → 1 EL Selleriesalz
- → 1 EL Knoblauchpulver
- → 2 TL Steinpilzpulver
- → ½ TL Zimtpulver
- → 1 EL Kakaopulver

1. Alle Gewürzzutaten, die noch nicht zu Pulver zermahlen sind, in einer Pfanne ohne Fett bei mittlerer Hitze anrösten, bis sie zu duften beginnen. Danach aus der Pfanne nehmen und etwas abkühlen lassen.

2. Die gerösteten Gewürze in einer Gewürzmühle fein mahlen, in eine Schüssel geben und mit den übrigen Zutaten gründlich vermischen.

Individuell variieren
Wird ein Gewürz nicht gemocht oder besteht beispielsweise eine Allergie gegen Sellerie, dann einfach diesen Bestandteil der Mischung weglassen. Das Wildgewürz wird trotzdem schmecken und Freude bereiten.

Kräuteröl

frischt jedes Gericht auf

ca. 2
Liter

5
Minuten Zubereitung

6
Monate haltbar

Zutaten
→ 2 l Olivenöl (extra vergine)
→ 4 Knoblauchzehen
→ 4 Zweige Rosmarin
→ 8 Zweige Thymian
→ 8 Zweige Oregano
→ 6 frische Lorbeerblätter

1. Knoblauchzehen mit Schale gut andrücken.
2. Knoblauch und alle Kräuter zu gleichen Teilen in die vorbereiteten Flaschen geben und diese mit dem Olivenöl auffüllen, bis alles bedeckt ist.
3. Flaschen fest verschließen und das Öl an einem dunklen, kühlen Ort mindestens 1 Monat ziehen lassen.

Würzöl

fruchtig-scharf

ca. 2
Liter

8
Minuten Zubereitung

6
Monate haltbar

Zutaten
→ 1 Bio-Orange
→ 1 rote Bird Eye Chili
→ 1½ l Olivenöl (extra vergine)
→ ½ l Sonnenblumen- oder Distelöl
→ 10 Zweige Zitronenthymian
→ 6 frische Lorbeerblätter
→ 1 EL Szechuan-Pfeffer
→ 16 Stück langer Pfeffer

1. Die Orange heiß waschen und gründlich abtrocknen. Mit einem Sparschäler die Schale abschälen. Die Chilischote waschen und gleichfalls gründlich abtrocknen, dann der Länge nach halbieren.
2. Beide Öle gut mischen. Orangenschale, Chilihälften, alle Kräuter und die Pfefferkörner zu gleichen Teilen in die vorbereiteten Flaschen geben und diese mit dem Öl-Mix auffüllen, bis alles bedeckt ist.
3. Flaschen fest verschließen und das Öl an einem dunklen, kühlen Ort mindestens 1 Monat ziehen lassen.

Kräuteröl

Würzöl

Chili-Pfefferöl

Chili-Pfefferöl

eine echt scharfe Kombi

ca. 2
Liter

5
Minuten Zubereitung

6
Monate haltbar

Zutaten

→ 2 Bio-Zitronen

→ 30 getr. Chilischoten

→ 10 Zweige Estragon

→ 1½ l Olivenöl (extra vergine)

→ ½ l Sonnenblumen- oder Distelöl

→ 2 EL Tellicherry-Pfefferkörner

→ 1 EL Szechuan-Pfeffer

1. Die Zitronen heiß waschen und gut abtrocknen. Mit einem Sparschäler die Schale abschälen. Die Chilis zur Hälfte fein hacken und zur Hälfte im Ganzen lassen.

2. Beide Öle gut mischen. Zitronenschale, gehackte und ganze Chilis, Estragon und Pfefferkörner zu gleichen Teilen in die vorbereiteten Flaschen geben und diese mit dem Öl-Mix auffüllen, bis alles bedeckt ist.

3. Flaschen fest verschließen und das Öl an einem dunklen, kühlen Ort mindestens 1 Monat ziehen lassen.

Wildfond

fix und fertig zur Verwendung

2
Liter

5
Stunden Zubereitung

Zutaten
- → 3 kg Knochen und Fleischabschnitte vom Wild
- → 4 gelbe Zwiebeln
- → 1 EL Öl
- → 1 Stange Lauch
- → ¼ Knolle Sellerie
- → 3 Möhren
- → 2 Petersilienwurzeln
- → 3 Stangen Staudensellerie
- → 1 Zweig Rosmarin
- → 4 Zweige Thymian
- → 2 Lorbeerblätter
- → 1 TL schwarze Pfefferkörner
- → 1 TL Wacholderbeeren
- → ½ TL Pimentkörner
- → 100 ml Madeira

1. Ofen auf 180° (Umluft) vorheizen. Knochen und Fleisch auf der Fettpfanne verteilen und in ca. 60 Min. kastanienbraun rösten. Zwischendurch wenden.

2. Einen großen Topf erhitzen. Die Zwiebeln mit Schale quer halbieren, mit dem Öl bestreichen und die Schnittseite dunkelbraun anrösten. Mit Wasser ablöschen und den Bratensatz vom Topfboden lösen.

3. Lauch putzen, waschen und in Ringe schneiden. Sellerie und Wurzelgemüse schälen, fein würfeln, den Stangensellerie waschen und in Scheiben schneiden. Kräuter abbrausen. Vorbereitete Zutaten, Knochen, Fleisch und Gewürze in den Topf geben und mit Wasser auffüllen, bis alles bedeckt ist. Dann aufkochen und zugedeckt ca. 3,5 Std. köcheln lassen. Entstehenden Schaum mit einer Schaumkelle abschöpfen.

4. Anschließend die Brühe durch ein mit einem Mulltuch ausgelegtes Sieb in einen kleineren Topf abgießen. Madeira dazugeben und den Fond auf ca. 2 l einkochen lassen. Anschließend noch kochend heiß in sterile Einweckgläser abfüllen.

Wildsuppe

für Saucen, Suppen, Schmorgerichte

2
Liter

8
Stunden Zubereitung

Zutaten
- → 1 EL Öl
- → 4 kg Knochen, Rippen und Fleischabschnitte vom Wild
- → 4 gelbe Zwiebeln
- → 1 TL Wacholderbeeren
- → 1 TL schwarze Pfefferkörner
- → 1 Stange Lauch
- → ¼ Knolle Sellerie
- → 3 Möhren
- → 4 Petersilienwurzeln
- → 5 Zweige Thymian
- → 4 Lorbeerblätter
- → Salz

1. In einem großen Topf das Öl erhitzen. Die Zwiebeln mit Schale quer halbieren. Knochen, Rippen und Fleischabschnitte mit Zwiebeln, Wacholderbeeren und Pfeffer im heißen Öl braun anrösten.

2. Lauch putzen, waschen und quer halbieren. Sellerie und Wurzelgemüse schälen, fein würfeln. Thymian abbrausen. Die vorbereiteten Zutaten mit 1 EL Salz in den Topf geben und diesen bis oben mit Wasser auffüllen. Dann alles aufkochen und 4–8 Std. bedeckt köcheln lassen. Bei Bedarf zwischendurch etwas Wasser nachfüllen.

3. Die Suppe abschmecken, sie soll kräftig nach Wild schmecken, andernfalls unbedeckt einkochen lassen, bis je nach gewünschter Intensität 2–4 l übrig sind. 30 Min. vor Ende der Garzeit Lorbeerblätter und Thymian in den Topf geben.

4. Anschließend die Brühe durch ein mit einem Mulltuch ausgelegtes Sieb in einen kleineren Topf abgießen, aufkochen, mit Salz würzen und kochend heiß in sterile Einweckgläser abfüllen.

Jäger-Special

Vom Jäger für Jäger und Wildbret-Freunde – in diesem Abschnitt finden Sie Rezepte zum Haltbarmachen und Verwerten größerer Fleischmengen, wie sie bei Jägern anfallen.

Die meisten Jäger oder zumindest die, die die schönste Passion der Welt genauso intensiv betreiben und leben wie ich, werden folgende Situation kennen: Über das Jagdjahr wird das ein oder andere Stück Wild erlegt. Wenn nicht gleich im Ganzen in der Decke oder Schwarte verkauft, wird es eben selbst zerlegt, einige Stücke werden an Freunde und Familie verschenkt, einige Teilstücke verkauft, einige selbst zubereitet und einige für »später« eingefroren. Über ein Jagdjahr können sich so sehr schnell viele Kilos an Wildbret im Tiefkühlgerät ansammeln. Allerdings wird das kostbare Gut nicht gerade besser, wenn es zwei Jahre oder länger im Tiefkühlschrank liegt. Damit mir das nicht passiert, verarbeite ich das Fleisch, welches nach einem Jagdjahr übrig ist, zu Leberwurst, Salamis, Pfefferbeißern oder Kaminwurzen. So habe ich in meinen Tiefkühlgeräten maximal zehn bis zwölf Monate »altes« Wildbret.
Damit Sie es genauso machen können, habe ich für Sie einige Rezepte zum Leeren der Tiefkühlgeräte und zum Räuchern als alternativer Methode der Haltbarmachung aufgeschrieben. In letzterem Fall brauchen Sie eine Räucherkammer zum Kalträuchern. Leberwurst und Griebenschmalz lassen sich in jeder Küche zubereiten.
Beim Räuchern und generell beim Haltbarmachen von Fleisch ist die Hygiene der Grundstein des Erfolges. Denn Keime beeinträchtigen die Haltbarkeit und lassen die Vorräte verderben. Bei der Zubereitung von Speck und Schinken ist bei allen Arbeitsschritten penibelst auf Hygiene zu achten! Das heißt, es müssen Einweghandschuhe getragen werden, Haarnetz und Schürze sind ratsam. Alle Behältnisse (Schüsseln, Fleischkisten) müssen gut ausgewaschen, am besten desinfiziert sein.

Kleine Räucherkunde

Beim Kalträuchern liegt die Durchschnittstemperatur des Rauches bei 15 bis 25° - nicht höher, da sonst das Eiweiß im Fleisch gerinnt. Keime vermehren sich ab einer Temperatur von 7°, darum sollte es bei fast allen Arbeitsschritten kälter sein. Zudem ist auf eine geringe Luftfeuchtigkeit zu achten. Das erklärt auch, warum man traditionell nur in der kalten Jahreszeit räuchert.

→ Das **Einsalzen und Pökeln** tötet nicht alle Keime ab, es dient vielmehr dazu, den pH-Wert und den Wassergehalt zu senken. Besonders effektiv ist Nitrit-Pökelsalz, zudem sorgt es für eine schöne rote Farbe.
→ Beim **Durchbrennen** erfolgt dann ein Ausgleich der Salzkonzentration von den Randzonen zum Kern, zugleich verbessern sich Pökelfarbe und -aroma. Hier dürfen 7° gleichfalls nicht überschritten werden.
→ Nach dem Durchbrennen enthält das Fleisch nur noch so wenig Wasser, dass Keime keine Vermehrungsgrundlage mehr finden. Deshalb können beim nachfolgenden **Trocknen** dann auch Temperaturen von 10 bis 15° herrschen. Wird das Fleisch schmierig, ist die Luftfeuchtigkeit zu hoch. Zudem sollte es mit Salzwasser oder Weißwein abgewaschen werden.
→ Das **Kalträuchern** dient dem Geschmack und schützt die Oberfläche vor Schimmel. Nun ist das Fleisch so verwandelt, dass Keime keine Chance mehr haben.
→ Kalt geräuchertes mageres Fleisch hält sich, trocken bei bis zu 6° gelagert, circa sechs Monate. Je fetter das Stück Schinken oder Speck, desto geringer die Lagerzeit. Da Fette bei Kontakt mit Luft (schneller) ranzig werden, kann man durch Vakuumieren die Haltbarkeit auf sechs bis zwölf Monate steigern.

Wildleberwurst im Glas

extra cremig

15
Kilogramm Leberwurst

2
Stunden Zubereitung

1
Stunde Einwecken

Zutaten

- → 3 kg Schulterfleisch vom Wildschwein
- → 5 kg Wildschweinbauch
- → 2 kg weißer Wildschweinspeck vom Rücken
- → 15 gelbe Zwiebeln
- → 6 rote Zwiebeln
- → 3 TL Pimentkörner
- → 20 getr. Lorbeerblätter
- → 3 EL Wacholderbeeren
- → 1 EL weiße Pfefferkörner
- → 4 EL Salz
- → 4 TL Nitrit-Pökelsalz
- → 2,5 kg Wildleber (küchenfertig pariert)
- → 26 g gemahlene Muskatblüte
- → 35 g schwarzer Pfeffer
- → 70 g getr. Majoran
- → 70 g getr. Kräuter der Provence
- → Salz

1. Fleisch, Schweinebauch und Speck in grobe Stücke schneiden. Gelbe und rote Zwiebeln schälen und halbieren. Vorbereitete Zutaten mit Piment, Lorbeer, Wacholderbeeren, Pfefferkörnern, 4 EL Salz und 3 TL Nitrit-Pökelsalz in einen Schnellkochtopf geben und diesen mit Wasser auffüllen, bis alles bedeckt ist.

2. Den Deckel schließen und den Topfinhalt bei großer Hitze aufkochen, bis sich Druck aufgebaut hat, danach die Wärmezufuhr reduzieren und den Topfinhalt unter hohem Druck ca. 1 Std. schmoren lassen. Ist der Schnellkochtopf nicht groß genug für alle Zutaten, kann die Menge auch auf mehrere Male zubereitet werden. Den Sud jeweils aufbewahren.

3. In einem weiteren Topf die Lebern mit Wasser bedecken, 1 TL Nitrit-Pökelsalz hinzufügen und alles aufkochen. Die Lebern ca. 30 Min. bei kleiner Hitze zugedeckt garen, entstehenden Schaum abschöpfen.

4. Am Ende der Garzeit aus dem Schnellkochtopf nach Gebrauchsanweisung den Dampf ablassen. Ist der Topf druckfrei, den Deckel öffnen und die Lorbeerblätter entnehmen. Das Leberwasser abgießen.

5. Das Fleisch, den Bauch, den Speck, die Lebern, die Gewürze und die Zwiebeln durch den Fleischwolf (5 mm) drehen und die Masse in einer großen Edelstahl- oder roten Fleischwanne auffangen. Etwa 1 l Sud hinzufügen und alles gut verrühren.

6. Die Masse nochmals durch den Fleischwolf drehen. Wer die Leberwurst gerne etwas feiner möchte, kann dabei auf eine kleinere Lochscheibe (3 mm) wechseln. Muskatblüte, Pfeffer, Majoran und Kräuter der Provence hinzufügen und mit nochmals 1 l Sud sehr gut und gründlich unter die Masse rühren.

7. Dann alles mit reichlich Salz (ca. 100 g) abschmecken und bei Bedarf noch Sud nachgeben. Die Masse muss vor dem Abfüllen in die Gläser versalzen schmecken und eine Konsistenz wie flüssiger Honig haben.

8. Die Leberwurst in sterile Gläser füllen, diese fest verschließen und für ca. 1 Std. bei 75–85° in den Einkochautomat geben. Danach aus dem Wasserbad nehmen und abkühlen lassen. Im Kühlschrank aufbewahrt ist die Leberwurst gut 6 Monate haltbar. Nach Anbruch innerhalb von 1 Woche aufbrauchen.

Wildleberwurst im Glas

Wildschwein-Griebenschmalz

Wildschwein-Griebenschmalz

einfach

ca. 5
Kilogramm Schmalz

2
Stunden Zubereitung

Zutaten

- → 5,5 kg Wildschweinfett (z. B. vom Rücken, aus dem Bauchraum, das Nierenfett, der Bauchlappen und von den Rippen)
- → Salz
- → schwarzer Pfeffer (frisch gemahlen)

1. Das Fett durch den Fleischwolf (8 mm) drehen. Danach in einem großen Topf bei geringer Hitze so lange auslassen, bis hellbraune Grieben entstanden sind. Dann vom Herd nehmen und erkalten lassen.

2. Ist die Masse schon etwas angedickt, nach Belieben mit 1 EL Salz und schwarzem Pfeffer würzen.

3. Sobald das Schmalz cremig wird, nochmals umrühren und in die vorbereiteten Gläser abfüllen.

Gut zu wissen

Wildschweinschmalz wird nicht ganz so fest wie das von Hausschweinen. Wer eine festere Konsistenz wünscht, muss etwa ein Drittel Fett vom Hausschwein zugeben.

Luftgetrocknete Wildsalami-Pfeffer-Sticks

mit wildem Fenchel

ca. 23
Kilogramm Würste

5
Stunden Zubereitung

24
Stunden Durchröten

2
Wochen Trocknen

Zutaten
- → 15,4 kg Wildbret
- → 7,6 kg fetter Schweinebauch vom Hausschwein
- → 600 g Nitrit-Pökelsalz
- → 24 g Knoblauchpulver
- → 40 g edelsüßes Paprikapulver (gerne auch geräuchertes Paprikapulver)
- → 100 g getrocknete grüne Pfefferkörner
- → 80 g Fenchelsamen
- → 36 g weißer Pfeffer
- → 30 g gemahlener Koriander
- → 25 g Chiliflocken
- → 48 g Selleriesalz
- → 12 g Starter-Kulturen

Außerdem
- → 1 Fleischwolf
- → 1 Wurstabfüller
- → Schafssaitlinge, Kaliber 22/24 mm
- → lebensmittelechte, sterile Einmalhandschuhe

Praxis-Tipp
Als Starterkulturen bezeichnet man Mikroorganismen, die aufgrund spezifischer Stoffwechselleistungen für fermentative Prozesse bei der Lebensmittelherstellung verwendet werden. Sie können in Reinkultur oder Mischkulturen vorliegen.

1. Wildbret und Schweinebauch in grobe Würfel schneiden und für mindestens 4 Std. tiefkühlen.
2. Einmalhandschuhe anziehen. Das Wildfleisch und den Schweinebauch angefroren in eine Fleischerkiste geben und mit den übrigen Zutaten gut vermischen.
3. Die Mischung durch den Fleischwolf (5 mm) in eine große Edelstahl- oder rote Fleischwanne drehen. Die Masse dann so lange mit den Händen durchkneten und durchschlagen, bis eine homogene Masse von der Konsistenz eines festen Teiges entstanden ist.
4. Die Schafsaitlinge in klarem, lauwarmem Wasser spülen und auf den Wursteinfüllstutzen ziehen. Die Wurstmasse zu großen Kugeln formen und mit Wucht in den Wurstabfüller schmeißen, sodass möglichst keine Lufteinschlüsse entstehen beziehungsweise bereits vorhandene so entfernt werden.
5. Die Wurstmasse vorsichtig bis zum Darmanfang am Ende des Abfüllstutzens pressen, bis etwas von der Masse rausschaut. Das Darmende verknoten und die Fleischmasse vorsichtig in den Darm füllen. Dabei nach ca. 20 cm jede zweite Wurst abdrehen.
6. Die Würste bei etwa 7° für 24 Std. durchröten lassen. Danach an einem möglichst dunklen Ort bei etwa 10-12° in ca. 2 Wochen freihängend an der Luft trocknen lassen, Zugluft ist unbedingt zu vermeiden.

Gut zu wissen
Wer seine Pfeffer-Sticks gerne kalt räuchert, der tut dies **nach** dem Durchröten und **vor** dem Lufttrocknen.

Zart geräucherter Wildschweinspeck

zur Brotzeit ein Gedicht

1,5
Kilogramm

20
Minuten Zubereitung

10
Tage Pökeln

24
Stunden Brennen

12
Stunden Trocknen

4×4
Stunden Räuchern

4×20
Stunden Ruhen

Zutaten

- → 1,5 g gut durchwachsener Bauchspeck
- → 75 g Nitrit-Pökelsalz
- → 3 Dextrose (Traubenzucker)
- → 10 g Fenchelsamen
- → 5 g Korianderkörner
- → 10 g schwarze Pfefferkörner
- → 5 g Wacholderbeeren
- → 10 g Selleriesalz
- → 15 g Knoblauchpulver

Genuss-Tipp

Am besten gelingt das Rezept mit dem fetten Bauchspeck einer alten, kapitalen Bache.

Praxis-Tipp

Bei der Zubereitung von Speck und Schinken ist bei allen Arbeitsschritten penibelst auf Hygiene zu achten! Das heißt, es müssen Einweghandschuhe getragen werden, Haarnetz und eine Schürze sind ratsam. Alle Behältnisse wie Schüsseln und Fleischerkisten müssen gut ausgewaschen, am besten desinfiziert sein.

1. Fenchelsamen, Koriander- und Pfefferkörner in einer Gewürzmühle zu feinem Pulver mahlen, danach die Wacholderbeeren grob mahlen. Sämtliche Gewürze mit Selleriesalz und Knoblauchpulver in eine große Schüssel geben und gründlich vermischen.

2. Den Speck in ca. 8 cm breite Streifen schneiden. Die Speckstreifen rundum mit der Würzmischung einreiben, Ritzen und Zwischenräume gegebenenfalls füllen. Dann mit der restlichen Gewürzmischung in einen Vakuumbeutel geben, vakuumieren und in den Kühlschrank (4–6°) legen. Den Speck 10 Tage lang im Kühlschrank belassen und täglich wenden.

3. Anschließend den Speck unter kaltem Wasser gründlich abwaschen und mit Küchenpapier trocken tupfen. Auf einen Gitterrost geben und ca. 24 Std. im Kühlschrank durchbrennen lassen. Danach etwa 12 Std. bei Raumtemperatur trocknen lassen.

4. Nach dem Trocknen den Speck am besten hängend 4 Std. kalt räuchern. Danach 20 Std. bei 10–15° ruhen lassen. Das Ganze insgesamt viermal wiederholen.

5. Den geräucherten Speck bewahre ich eingewickelt in Backpapier oder in Brotzeittüten aus Butterbrotpapier im Kühlschrank noch leicht 12 Monate auf.

Wildschweinschinken

eine Köstlichkeit für Groß und Klein

6
Kilogramm

30
Minuten Zubereitung

14
Tage Pökeln

36
Stunden Brennen

5×8
Stunden Räuchern

5×16
Stunden Ruhen

3
Monate Reifen

Zutaten

- → 10 g Wacholderbeeren
- → 12 Lorbeerblätter
- → 20 g Tellycherry-Pfefferkörner
- → 12 g getr. Rosmarin
- → 6 g gemahlener Koriander
- → 10 g Knoblauchpulver
- → 270 g Nitrit-Pökelsalz
- → 12 g Dextrose
- → 6 kg Wildschweinfleisch aus der Oberkeule (mit viel Speck)

Genuss-Tipp
Für einen besonders zarten Wildschweinschinken verwenden Sie am besten das Fleisch aus der Oberkeule einer alten Bache.

Genuss-Tipp
Zum Kalträuchern von Wildschweinspeck und Wildschweinschinken verwende ich vorzugsweise Buchen- oder Erlenmehl.

1. Wacholderbeeren, Lorbeerblätter und Pfefferkörner im Mörser grob zerstoßen, Rosmarin fein mahlen. Alle Würzzutaten in einer Schüssel gründlich vermischen.

2. Das Fleisch mit Küchenpapier trocken tupfen und in Stücke zu 500-800 g schneiden. Diese rundum gut mit der Würzmischung einreiben, Ritzen und Zwischenräume gegebenenfalls füllen.

3. Die Stücke einzeln in Vakuumbeutel geben, die restliche Würzmischung auf die Beutel verteilen und alles vakuumieren. Die Beutel in den Kühlschrank (4-6°) legen. Den Schinken 14 Tage lang im Kühlschrank belassen und täglich wenden.

4. Anschließend das Fleisch unter fließendem kaltem Wasser abwaschen und ca. 30 Min. wässern. Mit Küchenpapier trocken tupfen, dann mit einer Specknadel Küchengarn durch eine Ecke der Schinken ziehen.

5. Die Schinken mindestens 48 Std., besser 3 Tage freihängend in einem kühlen Raum (5-7°) oder Kühlschrank durchbrennen lassen. Dann einige Stunden bei Raumtemperatur (15-20°) trocknen lassen.

6. Nach dem Trocknen die Schinken hängend ca. 8 Std. kalt räuchern und 16 Std. bei 10-15° ruhen lassen. Das Ganze noch viermal wiederholen. Sein volles Aroma entwickelt der Schinken nach 1-3 Monaten Reifezeit.

Rehwild

Rehwild (lat. Capreolus capreolus) ist die in Deutschland kleinste Hirschart, gehört zu den Trughirschen, ist ein Selektieräser und praktiziert das Phänomen der Keimruhe.

Die am weitesten verbreitete Schalenwildart kommt bei uns von der Küste bis ins Hochgebirge überall vor. Die Jagdjahresstrecke des Jagdjahres 2019/2020 beträgt über 1,2 Millionen Stück Rehwild. Natürliche Feinde wie die Braunbären sind in Deutschland schon lange ausgestorben. Die bei uns wieder angesiedelten Luchse und Wölfe vermehren sich seit Jahren gut, doch müsste deren Bestand in Deutschland um ein Vielfaches höher sein, um den gesamten Rehwildbestand zu regulieren. Auf das Konto des Steinadlers geht nur ein vergleichsweise sehr geringer Anteil an Rehwild. Nicht zu verachten ist jedoch ein weiterer unnatürlicher Feind: Rund 200000 Stück Rehwild sind im besagten Jagdjahr dem Straßenverkehr zum Opfer gefallen. Bei diesem Gedanken wird mir traurig rund um mein kulinarisches Herz, wenn ich an das köstliche Wildbret denke, dass hier zum Großteil wohl nicht mehr verwendet werden konnte. Das Rehwild ist unsere kleinste heimische Schalenwildart, weswegen das Wildbret besonders feine Fasern besitzt. Das zarte, sehr fettarme Fleisch zeichnet sich unter anderem durch seinen hohen Anteil an ungesättigten Fettsäuren aus. Der Proteingehalt ist mit gut 22 g pro 100 g rohem Fleisch verhältnismäßig hoch, Ballaststoffe und Kohlenhydrate kommen in Rehfleisch gar nicht vor. Rehfleisch zählt zu den am besten verdaulichen Fleischsorten überhaupt und besticht, richtig zubereitet, am Gaumen durch seine seidene Struktur. Auf der Zunge punktet das frisch-rote Fleisch mit leichten Nuss- und Würznoten. Küsst ein Steak aus dem Rehrücken die Pfanne auch nur für Sekunden, so genügen oft schon ein paar Flocken Fleur de Sel für einen einzigartigen Geschmack und einen perfekten Genuss.

Jagdzeiten für Rehwild

Kitze	01.09. bis 28.02.
Schmalrehe (zweijährig)	01.05. bis 31.01.
Ricken	01.09. bis 31.01.
Böcke	01.05. bis 15.10.

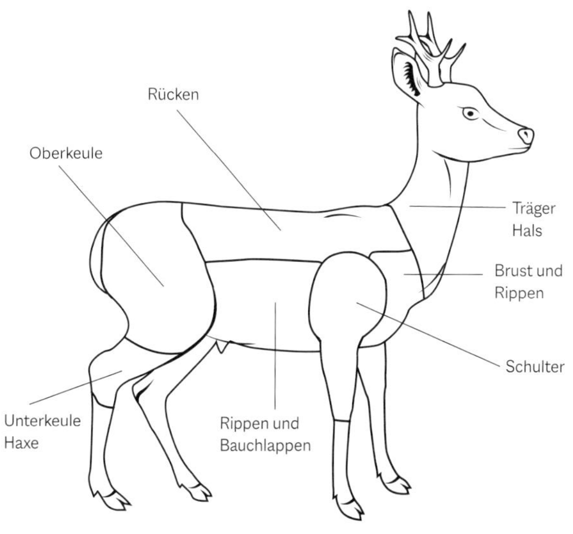

Carpaccio vom Rehrücken mit Steinpilzen

hauchzarter Hochgenuss

4
Personen

20
Minuten Zubereitung

10
Minuten Vorbereitung

Zutaten

- → ca. 300 g Rehrückenfilet (küchenfertig pariert)
- → 4 frische, kleine Steinpilze
- → 4 EL Öl (z. B. Sonnenblumen- oder Rapsöl)
- → 4 EL Walnussöl
- → 1 Beet Kresse
- → 2 Bio-Zitronen
- → Fleur de Sel
- → schwarzer Pfeffer (frisch gemahlen)

Tausch-Tipp
Ist gerade keine Jahreszeit für frische Steinpilze, so schmeckt dieses Gericht auch sehr gut mit Egerlingen oder Champignons.

Tuning-Tipp
Ein Spritzer Zitronensaft rundet das Carpaccio geschmacklich ab. Diesen allerdings erst unmittelbar vor dem Essen dazugeben, da das Fleisch von der Säure sonst rasch gräulich wird.

1. Das Rehrückenfilet möglichst luftfrei in mehrere Lagen Frischhaltefolie wickeln. Die Enden der Folie so fest zusammenzwirbeln, dass ein kompaktes, rundes und festes Päckchen entsteht. Danach in zwei Lagen Alufolie wickeln, deren Enden ebenfalls fest zusammendrehen und das Päckchen auf der Arbeitsfläche mit den flachen Händen rund rollen. Das Fleisch für mindestens 8 Std. (über Nacht) tiefkühlen.

2. Am nächsten Tag das Rehrückenfilet ca. 10 Min. vor Zubereitungsbeginn aus dem Tiefkühlgerät nehmen, von der Alufolie befreien und etwas antauen lassen.

3. In der Zwischenzeit die Pilze putzen, bei Bedarf mit einem Tuch abreiben und in feine Längsscheiben schneiden. Beide Öle in einer kleinen Schale vermischen. Auf vier Teller je 1 EL von den gemischten Ölen geben und gleichmäßig verteilen.

4. Nun das Rehrückenfilet aus der Frischhaltefolie wickeln und entweder mit einem sehr scharfen Messer oder mit einer Aufschnittmaschine in hauchdünne Scheiben schneiden. Jede Scheibe sofort im Wechsel mit den Steinpilzscheiben kreisförmig auf den Tellern auslegen, bis diese vollständig bedeckt sind. Auf das Reh-Steinpilz-Carpaccio je 1 EL von den gemischten Ölen träufeln und gleichmäßig verteilen.

5. Die Kresse mit einer Schere vom Beet in ein feines Sieb schneiden, kurz abbrausen und gut trocken schütteln. Eine Zitrone heiß waschen, abtrocknen und in Spalten schneiden, die andere halbieren und den Saft auspressen. Zum Servieren die Kresse auf das Carpaccio verteilen, alles mit einer Prise Fleur de Sel würzen und mit schwarzem Pfeffer übermahlen. Die Zitronenspalten auf den angerichteten Tellern drapieren und den Zitronensaft dazu reichen.

Kräutertatar vom Rehrücken auf geröstetem Baguette

französisch inspirierte Vorspeise

4
Personen

25
Minuten Zubereitung

Zutaten

- → 400 g Rehrückenfilet (pariert)
- → 4 Zweige Thymian
- → 4 Zweige Majoran
- → 1 EL getrocknete schwarze Oliven (entsteint)
- → 80 ml Olivenöl (extra vergine)
- → Fleur de Sel
- → Pfeffer (frisch gemahlen)
- → 1 Baguette
- → 100 ml Olivenöl
- → 1 Bio-Zitrone

1. Das Rehrückenfilet mit einem scharfen Messer so dünn wie möglich quer zur Faser in Scheiben schneiden. Dann immer etwa zehn dieser Scheiben übereinanderlegen und in sehr feine Streifen schneiden. Diese wiederum quer zur Faser sehr fein schneiden, sodass eine feine Tatarmasse (s. S. 16) entsteht.

2. Die Kräuter abbrausen und trocken schütteln, die Blätter abzupfen, fein hacken. Oliven ebenfalls sehr fein hacken. Beides mit dem Tatar und 80 ml Olivenöl in einer Schüssel vermischen, salzen und pfeffern.

3. Das Baguette leicht schräg in ca. 1,5 cm dicke Scheiben schneiden und diese portionsweise in einer Pfanne mit heißem Öl von beiden Seiten goldbraun knusprig braten. Währenddessen die Zitrone heiß waschen, abtrocknen und die Schale fein abreiben.

4. Das Tatar auf dem gerösteten Brot anrichten, zart mit dem Zitronenabrieb bestreuen und sofort servieren.

Tataki vom Reh mit süß-würziger Ingwer-Soja-Sauce

kulinarischer Kurztrip nach Japan

4
Personen

15
Minuten Zubereitung

Vorrats-Tipp
In einem fest verschlossenen Schraubglas und gut gekühlt hält sich die Sauce noch gut zwei Monate und wird geschmacklich immer besser und intensiver!

Zutaten

- → 1 Stück Ingwer (1 cm lang)
- → 2 Knoblauchzehen
- → je 4 EL Sojasauce & Ketjap Manis
- → 2 EL Honig (z. B. Akazienhonig)
- → ½ TL Chiliflocken
- → 1 TL Limettensaft
- → 1 TL geröstetes Sesamöl
- → 1 Frühlingszwiebel
- → je 2 TL heller & dunkler Sesam
- → 400 g ausgelöster Rehrücken (pariert)

1. Ingwer und Knoblauch schälen, fein hacken. Beides mit Sojasauce, Ketjap Manis, Honig, Chiliflocken, Limettensaft und Sesamöl in ein Schraubglas geben. Das Glas verschließen und den Inhalt sehr gut schütteln, bis sich der Honig komplett aufgelöst hat. Das Dressing beiseitestellen.

2. Die Frühlingszwiebel putzen, waschen und schräg in sehr feine Ringe schneiden. Den hellen und dunklen Sesam vermischen und auf einem flachen Teller gleichmäßig ausstreuen.

3. Rückenfilet mit einem Flambierbrenner von jeder Seite so lange anflämmen, bis das Fleisch eine hellbraune Farbe hat. Danach im Sesam wenden und in ca. 4 mm dicke Scheiben schneiden.

4. Zum Servieren die Frühlingszwiebeln auf Teller verteilen, die Fleischscheiben überlappend darauf anrichten und mit dem Dressing beträufeln.

Gebeizter Rehschinken »Cocali«

vielseitig variierbarer Klassiker

4
Personen

20
Minuten Zubereitung

48
Stunden Beizen

24
Stunden Antrocknen

Zutaten

- → 500g TK-Rehrückenfilet (küchenfertig pariert)
- → ½ EL Wacholderbeeren
- → 1 TL Pimentkörner
- → 1 Gewürznelke
- → 2 TL Voatsiperifery Urwaldpfeffer (ersatzweise schwarzer Pfeffer, frisch gemahlen)
- → 5 getrocknete Lorbeerblätter
- → ½ TL Muskatblüte (ersatzweise ¼ TL frisch geriebene Muskatnuss)
- → Salz (> Tipp)
- → Rauchsalz (ersatzweise normales Salz)
- → brauner Rohrohrzucker
- → 1 TL Knoblauchpulver

Gut zu wissen
Voatsiperifery Urwaldpfeffer ist eine der seltensten und erlesensten Pfeffersorten auf der Welt. Er wächst wild in den tropischen Wäldern von Madagaskar und wird von Hand gepflückt.

Tuning-Tipp
Schinken muss bei Ihnen klassischerweise eine tiefrote Farbe haben? Dann verwenden Sie statt ½ EL Salz einfach die gleiche Menge Nitrit-Pökelsalz.

1. Das Rehrückenfilet über Nacht im Kühlschrank auftauen lassen, vor dem Beizen aus dem Vakuumbeutel nehmen, mit Küchenpapier abtupfen, mittig quer halbieren und beide Stücke auf einem Teller bereitlegen.

2. Wacholderbeeren, Pimentkörner, Gewürznelke, Pfeffer, Lorbeerblätter und Muskatblüte in einer Gewürzmühle oder im Mörser zu einem feinen Pulver mahlen. Dann in eine Schüssel geben, je ½ EL Salz, Rauchsalz und Zucker sowie das Knoblauchpulver hinzufügen und alles gut miteinander vermischen.

3. Die Filetstücke in der Würzmischung wenden, bis sie rundum gut damit bedeckt sind. Die Stücke einzeln unter etwas Druck in einige Schichten Frischhaltefolie wickeln, davor unbedingt in der Schüssel übrige gebliebene Würzmischung mit auf das Fleisch geben.

4. Anschließend die Enden der Frischhaltefolie fest zusammenzwirbeln, sodass ein kompaktes, rundes und festes Päckchen entsteht. Dadurch erhält das Fleisch seine runde Form. Die Schinken auf einen Teller legen und ca. 48 Std. im Kühlschrank beizen. Dabei zwei- bis dreimal täglich die Rollen wenden.

5. Danach die Schinken aus dem Kühlschrank nehmen, auswickeln, unter kaltem fließendem Wasser gründlich abspülen und mit Küchenpapier trocken tupfen.

6. Der Schinken ist jetzt fertig zum Verzehr und kann nach Belieben sofort serviert werden. Ich lasse ihn allerdings noch weitere 24 Std. aufgehängt an einem kühlen, kaum feuchten Ort etwas antrocknen, bevor ich diese Köstlichkeit hauchdünn aufgeschnitten auf frischem Walnuss-Brot mit Butter genieße.

Bunter Salat-Mix mit zweierlei Rehschinken

leicht, frisch und macht trotzdem satt

4
Personen

25
Minuten Zubereitung

Zutaten
- → 1 Chicorée
- → 25 g gemischte Pflücksalate
- → 100 g Rucola
- → 100 g Baby-Blattspinat
- → 6 EL Aceto balsamico
- → 8 EL Olivenöl (extra vergine)
- → Salz, Zucker
- → 1 Knoblauchzehe
- → 300 g Rehschinken (s. S. 54)
- → 2 EL Öl
- → schwarzer Pfeffer

1. Den Chicorée längs halbieren, vom Strunk befreien und in ca. 2 cm breite Streifen schneiden. Diese zusammen mit den Pflücksalaten, dem Rucola und dem Spinat waschen, trocken schütteln und beiseitestellen.

2. Essig und Olivenöl mit 1 Prise Salz und 2 TL Zucker in ein Schraubglas geben und so lange schütteln, bis sich Salz und Zucker komplett aufgelöst haben. Knoblauch schälen, gut andrücken und hinzufügen.

3. Vom Rehschinken 200 g in hauchdünne Scheiben schneiden, den Rest fein würfeln. In einer Pfanne das Öl erhitzen und die Schinkenwürfel darin bei mittlerer Hitze hellbraun anbraten. Leicht pfeffern, dann herausnehmen und auf Küchenpapier entfetten.

4. Die vorbereiteten Salate auf vier Schüsseln verteilen, die Schinkenwürfel darüberstreuen und alles mit dem Dressing beträufeln. Die Schinkenscheiben dekorativ darauf anrichten und den Salat sofort servieren.

Rehnierchen in süßer Senfsauce

Jäger-Snack mit Schuss

2
Personen

25
Minuten Zubereitung

Genuss-Tipp
Nieren dürfen nur sehr kurz gegart werden, sonst werden sie hart und trocken. Deswegen direkt nach dem Zubereiten genießen. Dazu esse ich am liebsten geröstetes Schwarzbrot.

Zutaten
- → 8 Rehnierchen (ohne Haut)
- → 50 g Speck
- → 1 Zwiebel, 1 Knoblauchzehe
- → 8 Salbeiblätter
- → 50 g Butter
- → 100 ml weißer Portwein
- → 150 ml Sahne
- → ½ Bio-Zitrone
- → 1 TL scharfer Senf (z. B. Dijon)
- → 2 EL süßer Senf
- → Salz, Pfeffer, Zucker

1. Die Nierchen von der Haut befreien und in dünne Scheiben schneiden. Die Zwiebel schälen und mit dem Speck in feine Würfel schneiden.

2. Knoblauch schälen. Die Salbeiblätter abbrausen und trocken tupfen. Beides fein hacken. Zitrone heiß waschen, abtrocknen, die Schale abreiben.

3. In einer Pfanne die Butter erhitzen. Zwiebel- und Speckwürfel darin bei mittlerer Hitze anbraten und mit 1 Prise Salz und Zucker goldbraun karamellisieren. Nierchen hinzufügen und ca. 1 Min. unter Wenden mitbraten, dann herausnehmen.

4. Bratensatz in der Pfanne mit Portwein ablöschen. Sahne und beiderlei Senf hinzufügen und alles bei kleiner Hitze etwas einkochen lassen. Dann den Salbei und Zitronenabrieb unterrühren, den Knoblauch dazupressen. Nierchen hinzufügen, mit Salz und Pfeffer abschmecken und servieren.

Feinwürzige Rehhaxerlsülze

gut vorzubereiten

4
Personen

40
Minuten Zubereitung

1¾
Stunden Kochen

12
Stunden Ruhen

Zutaten

- → je 1 EL getrockneter Thymian und Rosmarin
- → 1 TL Pimentkörner
- → 2 TL Wacholderbeeren
- → Rohrzucker
- → ½ EL schwarze Pfefferkörner
- → grobes Meersalz
- → ½ EL Steinpilzpulver
- → ½ TL Kakaopulver
- → 3 gelbe Zwiebeln
- → 4 Knoblauchzehen
- → 2 Möhren
- → 1 Petersilienwurzel
- → 2 EL Öl
- → 5 frische Lorbeerblätter (ersatzweise getrocknete)
- → 8 Rehhaxerl (nicht pariert)

Tausch-Tipp
Diese Sülze schmeckt auch mit Gams-, Steinbock-, Mufflon- oder Hirschhaxerln. Bei den Hirschhaxerln verlängert sich die Kochzeit allerdings um etwa 15 Min.

1. Thymian, Rosmarin, Pimentkörner und Wacholderbeeren mit 1 EL Rohrzucker, den Pfefferkörnern und 2½ EL Meersalz in einen Mörser geben und fein zerstoßen. Steinpilz- und Kakaopulver hinzufügen und alles gründlich miteinander vermischen.

2. Die Zwiebeln schälen und fein würfeln. Knoblauch gleichfalls schälen und fein hacken. Möhren und Petersilienwurzel putzen, schälen und fein würfeln.

3. In einem großen Schnellkochtopf das Öl erhitzen. Die Zwiebelwürfel darin bei mittlerer Hitze goldbraun anbraten. Dann die Lorbeerblätter sowie den Knoblauch unterrühren und für einige Minuten mitbraten.

4. Inzwischen die Rehhaxerl rundum sehr gut mit der Gewürzmischung einreiben, dann in den Topf geben. Etwa 3–4 l Wasser angießen, sodass alle Zutaten mit Wasser bedeckt sind. Den Deckel schließen und den Topfinhalt bei großer Hitze aufkochen, bis sich Druck aufgebaut hat, danach die Wärmezufuhr reduzieren und die Haxen bei mittlerer Hitze ca. 1 Std. 15 Min. unter hohem Druck schmoren.

5. Am Ende der Garzeit nach Gebrauchsanweisung den Dampf ablassen. Ist der Topf druckfrei, den Deckel öffnen und die Haxen mit einer Schaumkelle aus dem Sud nehmen. Den Sud durch ein Sieb, besser noch durch ein Passiertuch in einen Topf abseihen.

6. Das Fleisch von den Haxen in den Sud zupfen, die Möhren- und Petersilienwurzelwürfel dazugeben. Alles noch einmal aufkochen und dann offen bei mittlerer Hitze in ca. 30 Min. einkochen lassen.

7. Die Sülze bei Bedarf nochmals mit Salz und Zucker abschmecken und heiß in Teller oder Serviergläser füllen. Alles abkühlen lassen und erst dann zum Durchkühlen in den Kühlschrank stellen. Mit frisch geschnittenen Zwiebeln und Schwarzbrot servieren.

Während der Rehbrunft, der Blattzeit, verjagt der Platzbock schwächere Rivalen aus seinem Territorium. Die Kämpfe bei Rehböcken zur Paarungszeit enden manchmal sogar tödlich.

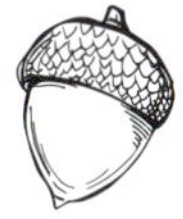

»Der Jagd auf die kleinste heimische Schalenwildart gehört meine heimliche Liebe. Kulinarisch hat sie für mich das schmackhafteste und zarteste Fleisch.«

Die Freude bei Jagderfolg mit Freunden zu teilen, ist einer der schönsten Momente der Jagd. Bei meinem Kameraden Bruno hatte ich bei einer Pirsch gleich doppeltes Waidmanns Heil.

Bunte Gemüsepfanne mit Rehschinken

schmeckt nach Sommer, Sonne, Süden

4
Personen

35
Minuten Zubereitung

Zutaten
→ 1 Aubergine
→ 2 Zucchini
→ 4 bunte Paprika
→ 1 weiße Spitzpaprika
→ 500 g weißer oder grüner Spargel
→ 1 Pck. Pimientos de Padrón (spanische Bratpaprika; ca. 200 g)
→ 1 Bund Frühlingszwiebeln
→ 2 rote Zwiebeln
→ 2 Bio-Zitronen
→ 5 Knoblauchzehen
→ Fleur de Sel
→ Olivenöl
→ 240 g Rehschinken (s. S. 54)

1. Aubergine und Zucchini putzen, waschen und in ca. 1 cm dicke Scheiben schneiden. Paprika und Spitzpaprika längs halbieren, Stielansatz, Trennwände und Kerne entfernen. Die Paprikahälften waschen und in je 3 Spalten schneiden, die Spitzpaprika nur waschen.

2. Den Spargel waschen, holzige Enden abschneiden. Weißen Spargel komplett, grünen Spargel im unteren Drittel schälen. Die Schalen anderweitig verwerten.

3. Die Frühlingszwiebeln putzen und waschen, die Zwiebeln schälen und quer halbieren. Die Zitronen heiß waschen, abtrocknen und gleichfalls quer halbieren.

4. Das vorbereitete Gemüse mit den Bratpaprika in eine Schüssel geben und mit 50 ml Olivenöl vermischen, bis alle Stücke rundum gut von Öl überzogen sind.

5. Eine Grillpfanne heiß werden lassen und das Gemüse darin bei großer Hitze braun anbraten. Die Hitze darf bei Gemüse relativ hoch sein. So bekommt es außen schnell Farbe, bleibt innen aber noch schön knackig und behält seine Vitamine. Danach das Grillgemüse herausnehmen und auf Tellern anrichten.

6. Die Zitronenhälften auf der Schnittseite mit Olivenöl einreiben und mit der Schnittseite nach unten in der noch heißen Grillpfanne bei mittlerer Hitze anbraten. Unterdessen den Knoblauch schälen, fein hacken.

6. Das Gemüse mit dem Saft der gegrillten Zitronen, dem Knoblauch sowie etwas Fleur de Sel und Olivenöl abschmecken. Den Rehschinken in dünne Scheiben schneiden und über das Grillgemüse zupfen. Sofort servieren und noch warm genießen.

Rehhackbällchen in Lauch-Rahm-Sauce

mit Mozzarella gefüllt

4
Personen

50
Minuten Zubereitung

Zutaten

- → 1 Zwiebel
- → 1 Knoblauchzehe
- → 2 Stangen Lauch
- → ½ Bund Petersilie
- → 50 g Butter
- → Salz, Zucker
- → 400 g Reh-Hackfleisch
- → 4 EL Semmelbrösel
- → 2 Eier (M)
- → 1 TL edelsüßes Paprikapulver
- → 1 TL gemahlener Kreuzkümmel
- → schwarzer Pfeffer (frisch gemahlen)
- → 20 Kugeln Mini-Büffel-Mozzarella
- → 6 EL Öl
- → 250 g Sahne
- → frisch geriebene Muskatnuss
- → 2 EL Zitronensaft
- → 2 Strauchtomaten

Tuning-Tipp
Wer die Hackbällchen gerne noch etwas kräftiger im Geschmack mag, der füllt sie mit einem 2×2 cm großen Würfelchen Gorgonzola.

1. Zwiebel und Knoblauch schälen und beides separat fein würfeln. Den Lauch putzen, der Länge nach bis zur Mitte einschneiden und gründlich waschen. Die Stangen in feine Ringe schneiden. Petersilie abbrausen und trocken schütteln, die Blätter fein hacken.

2. In einer Pfanne 20 g Butter erhitzen. Die Zwiebeln darin bei mittlerer Hitze andünsten und mit 1 TL Zucker und ½ TL Salz goldgelb karamellisieren.

3. Den Backofen auf 90° vorheizen. Die Zwiebeln samt Bratfett mit Hackfleisch, Knoblauch, Semmelbröseln, Eiern und der halben Menge Petersilie in eine Schüssel geben. Paprikapulver und Kreuzkümmel hinzufügen und alles mit den Händen gründlich verkneten.

4. Die Masse salzen, pfeffern und mit angefeuchteten Händen zu 20 Bällchen formen. Diese mit je 1 Kugel Mini-Büffel-Mozzarela füllen, das Hack gut darüber verschließen und zu einer Kugel (ca. 6 cm Ø) formen.

5. In einer Pfanne das Öl erhitzen und die Bällchen darin bei mittlerer bis großer Hitze rundum braun anbraten. Ein Backblech mit Backpapier auslegen, die Bällchen daraufgeben und ca. 10–15 Min. in den Ofen schieben.

6. In einem Topf die übrige Butter (30 g) erhitzen. Lauch dazugeben, salzen, leicht zuckern und zugedeckt bei kleiner Hitze 3–4 Min. dünsten, dabei ab und an umrühren. Danach die Sahne hinzufügen, die Muskatnuss dazureiben und alles offen cremig einkochen. Mit Salz, Zucker und Zitronensaft abschmecken.

7. Für das Topping die Tomaten in einer Schüssel mit kochendem Wasser überbrühen, nach 30 Sek. herausheben und kalt abspülen. Die Tomaten häuten, vierteln, Stielansätze und Kerne entfernen. Die Viertel fein würfeln und mit der restlichen Petersilie mischen.

8. Lauchrahm auf Tellern verteilen, die Hackbällchen darauf anrichten und mit dem Topping garnieren.

Zarte Rehnuss mit Butter-Thymian-Schaum

Hochgenuss bei wenig Aufwand

4
Personen

15
Minuten Zubereitung

90
Minuten Schmoren

Das schmeckt dazu
Generell passt jede Beilage, die gerade zur Hand ist. Ich allerdings lasse mich nur von dem Genuss der Rehnuss verzaubern.

Zutaten
- → 4 Rehnüsse (küchenfertig pariert)
- → 8 Zweige Thymian
- → 2 Zweige Rosmarin
- → 150 g Butter
- → 4 EL Öl
- → 4 Knoblauchzehen
- → 4 TL Puderzucker
- → Fleur de Sel
- → schwarze Pfeffer (frisch gemahlen)

1. Den Backofen auf 90° vorheizen. Die Rehnüsse auf ein Backblech geben und im Ofen (Mitte) ca. 90 Min. schmoren. Dabei mit einem Fleischthermometer die Kerntemperatur überprüfen, diese sollte 58° betragen.

2. Die Kräuter abbrausen und trocken schütteln, die Blätter von den Zweigen streifen. In einem kleinen Topf die Butter zerlassen, den Thymian dazugeben und bei sehr kleiner Hitze ca. 2 Min. ziehen lassen.

3. Rehnüsse aus dem Ofen nehmen und rundum mit Puderzucker, Fleur de Sel und Pfeffer bestäuben. In einer Pfanne das Öl erhitzen, Knoblauch und Rosmarin darin anbraten, dann das Fleisch hinzufügen und bei großer Hitze kastanienbraun anbraten.

4. Thymianbutter, 1 Prise Fleur de Sel und 1–2 kalte Butterflocken mit dem Pürierstab aufschäumen. Das Fleisch in Scheiben schneiden, auf Tellern anrichten und mit dem Butter-Thymian-Schaum beträufeln.

Zitrusfrische Reh-Garnelen-Spieße

Surf & Turf mal anders

4
Personen

25
Minuten Zubereitung

1¼
Stunden Kochen

Genuss-Tipp
1 EL Mayonnaise mit 1 EL Preiselbeeren und 1 Prise Salz verrührt ergibt einen erstklassigen Dip für diese Surf-and-Turf-Spieße.

Zutaten
- → ½ Bund Zitronenthymian
- → 1 Bio-Orange
- → 2 Knoblauchzehen
- → 100 ml Olivenöl
- → 600 g Rehrücken (pariert)
- → 24 rohe Garnelen (küchenfertig)
- → Fleur de Sel
- → bunter Pfeffer (frisch gemahlen)

Außerdem
- → 8 Schaschlik- oder Grillspieße

1. Den Zitronenthymian abbrausen und trocken schütteln, die Blätter von den Zweigen streifen. Die Orange heiß waschen, abtrocknen, die Schale fein abreiben, den Saft auspressen. Den Knoblauch schälen und sehr fein hacken. Die vorbereiteten Zutaten mit dem Olivenöl in eine kleine Schale geben und gut miteinander vermischen.

2. Den Rehrücken in Scheiben von der Dicke der Garnelen schneiden. Die Scheiben im Wechsel mit den Garnelen auf die Spieße stecken.

3. Die Spieße in eine flache Form legen und mit der Marinade bepinseln, bis sie rundum eingeölt sind. Mit Fleur de Sel und dem bunten Pfeffer würzen.

4. Die Spieße in der heißen Grillpfanne oder auf dem Grill bei großer Hitze von jeder Seite ca. 1 Min. anbraten. Auf Tellern anrichten und sofort genießen. Dazu passt frisches Knoblauchbrot.

Saté-Spieße mit Erdnuss-Kokos-Dip

grillen, spießen und genießen

4
Personen

35
Minuten Zubereitung

30
Minuten Marinieren

Zutaten
- → 1 Knoblauchzehe
- → 1 Stück Ingwer (2 cm lang)
- → 1 Bio-Limette
- → 140 ml Sojasauce
- → brauner Rohrzucker
- → 3 EL geröstetes Erdnussöl
- → 400 g ausgelöster Rehrücken (küchenfertig pariert)
- → 150 g Kokosnusscreme (aus dem Asialaden)
- → 3 EL Erdnusscreme
- → Salz

Außerdem
- → 16 Holzspieße

Tausch-Tipp
Klassischerweise können hier auch Streifen von Fasanenbrustfilet auf die Spieße gezogen werden.

1. Holzspieße etwa 15 Min. in warmem Wasser einweichen, damit sie später auf dem Grill nicht ankohlen. Bei der Zubereitung in der Pfanne ist dies nicht nötig.
2. Für die Marinade den Knoblauch und Ingwer schälen, fein hacken. Limette heiß waschen und abtrocknen, die Schale mit dem Zestenreißer in feinen Streifen ablösen. Sämtliche Zutaten mit 100 ml Sojasauce, 1 EL Zucker und dem Öl in einer Schüssel verrühren.
3. Den Rehrücken einmal mittig quer durchschneiden und die beiden ca. 20 cm langen Stücke in jeweils 8 dünne Längsstreifen schneiden. Die Fleischstreifen ziehharmonikaartig auf die Holzspieße stecken.
4. Die Spieße mit der Marinade bestreichen, in eine flache Schüssel legen und die restliche Marinade darübergeben. Zugedeckt mindestens 30 Min. ziehen lassen, dabei nicht kühl stellen - bei Wärme nimmt das Fleisch das Aroma der Marinade schneller auf.
5. Für den Dip die Kokosnusscreme, die restliche Sojasauce (40 ml) und die Erdnusscreme in einen hohen Rührbecher geben und mit dem Pürierstab cremig-fein pürieren. Mit Salz und Zucker abschmecken.
6. Die Spieße in der heißen Grillpfannne oder auf dem Grill bei großer Hitze von jeder Seite ca. 15 Sek. scharf anbraten und heiß genießen. Den Dip dazu reichen.

Rehleberknödel

Klassiker in wilder Variante

8
Stück

50
Minuten Zubereitung

30
Minuten Kühlen

Zutaten
- → 200 g Weißbrot vom Vortag
- → 150 ml Milch
- → 2 gelbe Zwiebeln
- → 1 kleine Knoblauchzehe
- → ½ Bund Majoran
- → 50 g Butter
- → Salz
- → Zucker
- → 2 Eier (M)
- → 300 g Rehleber
- → Semmelbrösel
- → 3 frische Lorbeerblätter
- → schwarzer Pfeffer (frisch gemahlen)

Tausch-Tipp
Dieses Rezept lässt sich mit jeder Wildleber im gleichen Mengenverhältnis zubereiten. Probieren Sie doch mal Wildschwein-, Hirsch- oder auch Gamsleber!

1. Das Weißbrot in ca. 2 cm große Würfel schneiden und diese in einer Schüssel in der Milch einweichen. Zwiebeln und Knoblauch schälen und beides separat fein würfeln. Den Majoran abbrausen und gut trocken schütteln, die Blätter von den Zweigen streifen.

2. In einer Pfanne die Butter erhitzen. Die Zwiebeln darin bei mittlerer Hitze andünsten, dann mit 1 TL Zucker und ½ TL Salz goldgelb karamellisieren. Majoranblättchen hinzufügen und kurz unterrühren, dann den Pfanneninhalt zum Weißbrot in die Schüssel geben.

3. Die Eier trennen. Die Eigelbe in die Schüssel geben, die Eiweiße in einem hohen Rührbecher mit den Rührbesen des Handrührgeräts sehr steif schlagen.

3. Die Rehleber durch den Fleischwolf (5mm-Scheibe) drehen und mit dem Knoblauch in die Schüssel geben. Alles salzen, großzügig pfeffern und gründlich mit den Händen durchkneten. Das Eiweiß unterheben.

4. Ist die Masse noch zu weich, um Knödel zu formen, dann esslöffelweise Semmelbrösel zugeben, bis die gewünschte Konsistenz erreicht ist. Den Teig etwa 30 Min. bedeckt im Kühlschrank ruhen lassen.

5. Danach in einem Topf Wasser zum Kochen bringen, salzen und die Lorbeerblätter hinzufügen. Den Teig aus dem Kühlschrank nehmen und mit angefeuchteten Händen Knödel in gewünschter Größe formen.

6. Die Knödel in das siedende Wasser geben, dann die Wärmezufuhr reduzieren, bis das Wasser nur noch wallt. Schwimmen die Leberknödel an der Wasseroberfläche, die Flamme klein stellen und die Knödel je nach Größe in 15-30 Min. gar ziehen lassen.

7. Die Knödel aus dem Wasser heben, in ein Sieb geben und abtropfen lassen. Klassisch werden sie in einem Teller mit Suppe serviert, sie schmecken aber auch aufgeschnitten und in Butter angebraten extrem fein.

Rehsuppe mit Rehfilet und Gemüsejulienne

Löffelglück für Genießer

4
Personen

25
Minuten Zubereitung

Zutaten

- → 4 gelbe Zwiebeln
- → 4 Petersilienwurzeln
- → 5 Möhren
- → 3 kg Rehknochen, Rippen und Abschnitte
- → Salz
- → 5 Zweige Thymian
- → 1 Zucchino
- → 4 Rehfilets (küchenfertig pariert)
- → 4 frische Lorbeerblätter
- → 150 ml Madeira

1. Die Zwiebeln schälen, halbieren. Petersilienwurzeln und 4 Möhren putzen und schälen. Das vorbereitete Gemüse mit den Knochen, Rippen und Abschnitten sowie 1 EL Salz in einen großen Topf geben, diesen bis obenhin mit Wasser füllen und alles aufkochen. Die Suppe 4–8 Std. bedeckt bei kleiner Hitze köcheln lassen, bis sie kräftig nach Wild schmeckt. Danach die Flüssigkeit offen auf ca. 1,5 l einkochen.

2. Thymian abbrausen. Die übrige Möhre putzen und schälen, Zucchino putzen und waschen. Beides mit dem Julienneschneider in Streifen schneiden. Die rohen Rehfilets in hauchdünne Scheiben schneiden.

3. Die Suppe durch ein feines Sieb oder Passiertuch in einen Topf streichen. Mit Thymian, Lorbeer, Madeira und der Gemüsejulienne aufkochen und 2–3 Min. köcheln lassen. Die Brühe abschmecken, Thymian und Lorbeer entfernen. Das Rehfilet auf Suppenteller verteilen, diese mit der Suppe auffüllen und servieren.

Rehschulter mit Gemüse und Oregano

ein kulinarisches Stückchen Italien

4
Personen

25
Minuten Zubereitung

1¼
Stunden Kochen

Genuss-Tipp
Einige mitgekochte Scheiben Ingwer verfälschen zwar die italienische Note, bringen dafür aber Frische in das Gericht.

Zutaten

- → 1 Rehschulter (im Ganzen oder zerlegt)
- → Salz
- → 1 große gelbe Zwiebel
- → 2 Auberginen
- → 2 Zucchini
- → 20 Kirschtomaten
- → Zucker
- → 2 Knoblauchzehen
- → 8 Stängel Oregano (ersatzweise ½ EL getrockneter Oregano)
- → 4 EL Olivenöl

1. Die Rehschulter in einem Topf mit 3–4 l Wasser bedecken, dieses salzen, aufkochen und das Fleisch darin zugedeckt ca. 2 Std. bei kleiner Hitze köcheln lassen. Bei Bedarf Wasser nachfüllen.

2. Zwiebel schälen, fein würfeln. Aubergine und Zucchini putzen, waschen, grob würfeln. Tomaten waschen und halbieren. Nach 2 Std. Garzeit die Zwiebel zum Fleisch geben und 1 weitere Std. mitgaren. Danach sollten im Topf ca. 3 cm Sud sein.

3. Die Rehkeule herausnehmen und das Fleisch mit zwei Gabeln von den Knochen zupfen. Das vorbereitete Gemüse mit ½ EL Zucker in den Sud einrühren und ca. 15 Min. bei kleiner Hitze garen.

4. Den Knoblauch schälen, fein würfeln. Oregano abbrausen und trocken schütteln, die Blättchen abstreifen. Beides mit dem Öl zum Fleisch geben, alles mit Salz abschmecken und heiß servieren.

Rehrisotto mit gemischten Waldpilzen

herbstliches Soul-Food mit Suchtpotenzial

4
Personen

20
Minuten Zubereitung

48
Stunden Beizen

24
Stunden Antrocknen

Zutaten

- → 30 g getrocknete Steinpilze
- → 150 ml Madeira
- → 2 frische Lorbeerblätter
- → 250 g frische Waldpilze
- → ½ Bund Thymian
- → 2 Zweige Rosmarin
- → 2 Schalotten
- → 2 Knoblauchzehen
- → 50 g weißer Speck ohne Schwarte
- → 6 EL Olivenöl
- → 400 g Rehfleisch (Rücken oder Keule, küchenfertig pariert)
- → Salz, Zucker
- → 300 g Risotto-Reis
- → 800 ml Wildfond
- → 200 ml trockener Rosé
- → 50 g Butter
- → 100 g Parmesan (am Stück)
- → Pfeffer

Praxis-Tipp
Risotto sollte eher etwas zu flüssig als zu fest serviert werden, da der Reis noch nachquillt und der Parmesan beim Erkalten fester wird.

Tuning-Tipp
Nicht nur wunderbar cremig, sondern zusätzlich fruchtig-frisch wird das Risotto, wenn Sie am Ende noch 1 EL Wildpreiselbeeren unterrühren.

1. Die getrockneten Steinpilze mit dem Madeira und den Lorbeerblättern in einen kleinen Topf geben, einmal aufkochen lassen und beiseitestellen. Die frischen Pilze putzen, bei Bedarf mit einem Tuch abreiben und grob schneiden, besser mit den Fingern zerzupfen.

2. Thymian und Rosmarin mit Küchengarn zu einem Sträußlein binden, abbrausen und trocken schütteln. Schalotten und Knoblauch schälen und beides separat in feine Würfel schneiden. Den Speck fein würfeln.

3. In einem Topf das Olivenöl erhitzen. Das Fleisch darin bei großer Hitze kurz anbraten, wieder aus dem Topf nehmen und beiseitestellen. Schalotten, Speck und frische Pilze im heißen Fett anbraten und mit 1 TL Zucker und ½ TL Salz goldbraun karamellisieren.

4. Den Reis unterrühren und alles mit dem Pilz-Madeira-Mix ablöschen. Den Bratensatz mit einem Küchenspatel vom Boden lösen, die Lorbeerblätter entfernen.

5. Das Kräuterbündel und eine Schöpfkelle Wildfond zum Reis geben und diesen unter ständigem Rühren bei kleiner Hitze köcheln lassen, bis der Reis die Flüssigkeit beinahe vollständig aufgenommen hat.

6. Auf diese Weise nach und nach den restlichen Fond im Wechsel mit dem Rosé angießen, bis die Flüssigkeiten aufgebraucht sind und der Reis gar, aber im Kern noch bissfest ist. Je nach gewähltem Risotto-Reis ist dies nach 20–35 Min. der Fall.

7. Die Kräuter aus dem Risotto entfernen. Gehackten Knoblauch, die Butter in Flöckchen und das Fleisch samt Bratensaft zum Risotto geben und unterrühren. Den Parmesan reiben und ebenfalls untermischen.

8. Das Risotto mit Salz und Pfeffer abschmecken, auf Tellern anrichten und heiß servieren. Nach Belieben Olivenöl dazu reichen, denn mit ein wenig Öl beträufelt, schmeckt's mir persönlich noch etwas besser.

Rehrücken-Wirsingroulade

auf Meerrettich-Sauce

4
Personen

40
Minuten Zubereitung

Zutaten
- → 100 g Butter
- → 4 Schalotten
- → Zucker
- → Salz
- → 1 großer Wirsing
- → 800 g Rehrücken (küchenfertig pariert)
- → 8 EL Öl
- → schwarzer Pfeffer (frisch gemahlen)
- → 8 dünne Scheiben weißer Speck
- → 2 EL Mehl
- → 450 ml Wildfond
- → 150 g Sahne
- → 1 Stück Meerrettich (4 cm lang)
- → 1 TL Zitronensaft

Außerdem
- → Zahnstocher zum Fixieren

Tausch-Tipp
Wem die Meerrettich-Sauce zu scharf ist, kann statt Meerettich die gleiche Menge Wildpreiselbeeren oder Cranberrys verwenden.

1. Für die Rouladen den Backofen auf 90° vorheizen. In einer Pfanne 50 g Butter erhitzen. Schalotten schälen, in feine Ringe schneiden und im heißen Fett bei mittlerer Hitze andünsten. Mit ½ TL Zucker und 1 Prise Salz goldbraun karamellisieren. Vom Herd nehmen.

2. Vom Wirsing die äußeren Blätter entfernen, den Strunk keilförmig herausschneiden und vorsichtig 16 Blätter ablösen. Diese in reichlich kochendem Salzwasser ca. 2 Min. blanchieren, dann herausnehmen, in kaltem Wasser abschrecken, auf einem Sieb gut abtropfen lassen und mit Küchenpapier trocken tupfen.

3. Den Hauptstrunk aus den Wirsingblättern herausschneiden. Je zwei Blätter leicht überlappend aneinanderlegen. Den Rehrücken in acht gleich große Stücke schneiden (à 100 g), diese in 4 EL Öl kurz bei großer Hitze anbraten und aus der Pfanne nehmen.

4. Die Fleischstücke mit den karamellisierten Schalotten bestreichen, salzen und pfeffern. Dann in Speck wickeln, auf das untere Drittel der Kohlblätter legen und dabei seitlich etwas Rand frei lassen.

5. Den Kohl erst von unten, dann von den Seiten über das Fleisch legen und von unten fest aufrollen. Das Ende mit einem Zahnstocher fixieren. Das restliche Öl in einem Bräter erhitzen. Die Wirsingrouladen darin bei mittlerer Hitze von allen Seiten kastanienbraun anbraten und 12–15 Min in den Ofen geben.

6. Für die Sauce die restliche Butter (50 g) in einem Topf erhitzen. Das Mehl mit einem Schneebesen unterrühren, bis keine Klümpchen mehr vorhanden sind. Dann nach und nach den Wildfond und die Sahne angießen und mit dem Schneebesen unterrühren. Die Sauce ca. 2 Min. bei milder Hitze köcheln lassen.

7. Den Meerrettich schälen und auf der Haushaltsreibe fein reiben. 2 EL davon in die Sauce einrühren, den Rest in eine Schale geben und beiseitestellen. Sauce mit Salz, Zucker und Zitronensaft abschmecken.

8. Zum Servieren die Meerrettichsauce auf vier Tellern dünn und kreisförmig verteilen. Die Rouladen auf dem Saucenspiegel anrichten und sofort heiß genießen. Den beiseitegestellten Merrettich dazu reichen.

Rehrücken auf mediterranem Gemüse

mit kross gebratenem Schinken ummantelt

4
Personen

35
Minuten Zubereitung

Praxis-Tipp
Für diese Gemüsepfanne kann jedes beliebige Gemüse nach Geschmack und Gusto verwendet werden.

Zutaten

- → 2 Rispen Kirschtomaten
- → 6 frische Lorbeerblätter
- → ¼ Bund Thymian
- → 1 Bio-Zitrone
- → 4 EL Öl
- → 500 Rehrücken (ohne Knochen, küchenfertig pariert)
- → schwarzer Pfeffer (frisch gemahlen)
- → 250 g San-Daniele-Schinken, ersatzweise Parmaschinken
- → Fleur de Sel
- → 1 rote Zwiebel
- → 2 Frühlingszwiebeln
- → 2 Knoblauchzehen
- → 4 lange, dünne, grüne Spitzpaprika
- → 1 gelbe Paprika
- → 50 g grüner Baby-Spargel
- → 1 Radicchio tardivo treviso
- → 50 g Baby-Austernpilze
- → 50 g Zitronensaitlinge
- → 8 EL Olivenöl
- → Zucker
- → 50 g gemischte Oliven

1. Den Backofen auf 100° vorheizen. Ein Backblech mit Backpapier auslegen. Die Kirschtomaten an der Rispe belassen und kalt abbrausen. Lorbeerblätter und Thymian kalt abbrausen und trocken schütteln. Die Thymianblättchen von den Stängeln streifen. Die Zitrone heiß waschen, abtrocknen und die Schale in einem langen, gekringelten Band rundum abschälen.

2. In einer Pfanne das Öl erhitzen. Den Rehrücken mit Küchenpapier trocken tupfen und in vier gleich große Teile schneiden. Diese pfeffern, jeweils mit Schinken umwickeln und im heißen Öl bei großer Hitze ringsum kross anbraten. Herausnehmen und auf das vorbereitete Blech geben. Die Tomaten etwas salzen und neben das Fleisch legen. Das Blech in den heißen Ofen (Mitte) schieben und alles ca. 20 Min. garen.

3. Währenddessen die Zwiebel schälen, längs halbieren und in dünne Streifen schneiden. Frühlingszwiebeln putzen, waschen und mitsamt dem frischen Grün schräg in dünne Scheiben schneiden. Die Knoblauchzehen gut andrücken und schälen. Spitzpaprika im Ganzen belassen und waschen. Die gelbe Paprika halbieren, Stielansatz, Trennwände und Kerne entfernen. Die Hälften waschen und in Rauten schneiden.

4. Spargel putzen und ebenfalls waschen. Radicchio putzen, waschen und der Länge nach achteln, dabei den Strunk nicht entfernen, damit die Blätter zusammenhalten. Pilze putzen und auseinanderzupfen.

5. In einer großen gusseisernen Pfanne 4 EL Olivenöl erhitzen. Zwiebel und Frühlingzwiebeln darin bei großer Hitze kurz anbraten und mit 2 TL Zucker sowie 1 Prise Salz karamellisieren. Radicchio in der Pfanne anbraten, dann herausnehmen und beiseitestellen. Alle anderen Gemüse mit Oliven, Lorbeer, Thymian, Zitronenschale und Knoblauch dazu geben und unter ständigem Wenden bei mittlerer Hitze anbraten. Herausnehmen und auf einer Platte beiseitestellen.

6. Übriges Olivenöl in der Pfanne erhitzen und die Pilze darin kurz scharf anbraten. Mit Salz und Pfeffer würzen. Das Gemüse wieder dazugeben und alles bei großer Hitze kurz schwenken. Danach die Pfanne vom Herd ziehen. Das Backblech aus dem Ofen nehmen und den mittlerweile rosa Rehrücken in leicht schräge, etwa 3 cm dicke Scheiben schneiden. Die angebratenen Radicchiostücke und die Tomatenrispen in der Gemüsepfanne platzieren, die Fleischstücke auf dem Gemüse drapieren und alles sofort heiß servieren.

Rotwild

Rotwild (lat. Cervus elaphus) ist die größte in Deutschland jagdbare Hirschart und die einzige ursprünglich heimische Hirschart aus der Familie der echten Hirsche.

Rotwild ist im Gegensatz zu Rehwild in nicht allen Teilen Deutschlands zu finden. Statistisch haben nur etwa 25 Prozent der Fläche Deutschlands ein Rotwildvorkommen. Ein wesentlicher Grund hierfür sind die sogenannten Rotwildbezirke. In diesen darf sich laut Gesetz Rotwild aufhalten. Vor allem in südlichen Bundesländern schreibt die Regierung das Vorkommen per Gesetz fest. Außerhalb dieser Gebiete besteht ein zum Teil strenges Abschussgebot. Armes Deutschland!
Ursprünglich war Rotwild ein tagaktiver Steppenbewohner. Mittlerweile ist es schwer geworden, den König der Wälder in Deutschland tagsüber zu Gesicht zu bekommen. Ich kenne nur zwei Reviere mit tagaktivem Bestand. Hier wird die Population jedoch seit mehreren Pachtperioden penibelst gehegt und gepflegt und nur äußerst nachhaltig bejagt. Mit knapp 77000 Stück erlegtem und rund 3000 Stück im Straßenverkehr verendetem Rotwild ist die Gesamtsumme der in einem Jahr getöteten Tiere um ein Vielfaches geringer als bei den kleinen Vettern, dem Rehwild.
Rothirsche erreichen in Deutschland mitunter Gewichte von 200 kg, in Osteuropa auch schon mal über 300 kg. Während der Brunft von Mitte September bis Mitte Oktober schmeckt das Fleisch der Hirsche bisweilen äußerst streng. Außerhalb dieser Zeit ist Wildbret vom Rothirsch geschmacklich sogar noch etwas milder als das von Rehwild und kann alternativ für fast alle Rezepte mit Rindfleisch verwendet werden. Der hohe Eisengehalt im Wildbret erklärt auch dessen kräftige rotbraune Farbe. Das fett- und cholesterinarme Fleisch ist von der Fleischstruktur und -textur zwischen Rehwild und Rind anzusiedeln, in jedem Fall aber extrem lecker.

Jagdzeiten für Rotwild

Kälber	01.08. bis 28.02.
Schmalspießer	01.06. bis 28.02.
Schmaltiere	01.06. bis 31.01.
Hirsche	01.08. bis 31.01.
Alttiere	01.08. bis 31.01.

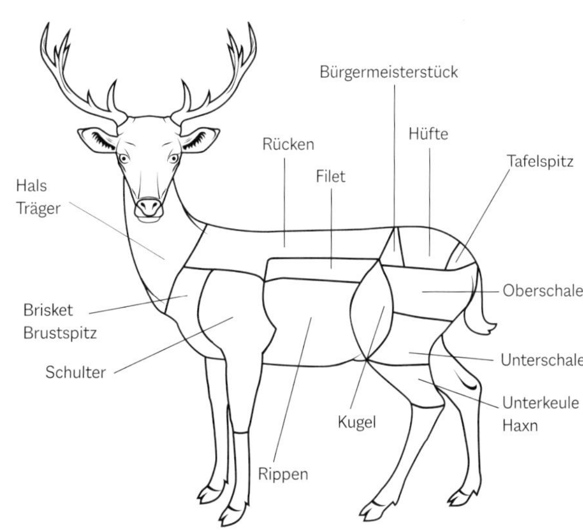

Salat vom kalten Hirschbraten mit Heublumenkäse

edle Art der Resteverwertung

4
Personen

25
Minuten Zubereitung

30
Minuten Marinieren

Zutaten

- → 200 ml Branntweinessig
- → Zucker
- → Salz
- → 8 frische Lorbeerblätter
- → 3 Frühlingszwiebeln
- → 10 Radieschen
- → 500 g kalter Hirschbraten ohne Sauce (z. B. vom Braten s. S. 108)
- → 250 g Heublumenkäse (ersatzweise Bergkäse)
- → 50 ml Kürbiskernöl
- → schwarzer Pfeffer (frisch gemahlen)

Vorrats-Tipp
Im Kühlschrank aufbewahrt hält sich der im Sud eingelegte Braten gut einige Tage.

1. Branntweinessig, 400 ml kaltes Wasser, 1 EL Zucker und ½ TL Salz in eine große Schüssel geben und so lange verrühren, bis sich Salz und Zucker aufgelöst haben. Der Sud sollte im gleichen Maße angenehm sauer, süß und salzig schmecken.

2. Die Lorbeerblätter waschen, trocken tupfen und in der Hand anquetschen, dann in den Sud rühren. Die Frühlingszwiebeln waschen und mitsamt dem frischen Grün in sehr dünne Ringe schneiden. Die Radieschen putzen, waschen und in sehr dünne Scheiben schneiden. Beides ebenfalls in den Sud geben.

3. Den kalten Braten in ca. 7 mm dünne Sticks schneiden und diese so in den Sud geben, dass sie komplett davon bedeckt sind. Etwa 30 Min. ziehen lassen. In der Zwischenzeit den Heublumen-Käse in ca. 5 mm dünne Sticks schneiden und beiseitestellen.

4. Am Ende der Marinierzeit den Salat mit einer Schaumkelle aus dem Sud heben und mittig auf vier Tellern anrichten. Den Heublumenkäse darauf drapieren, mit reichlich Kürbiskernöl beträufeln und mit etwas Pfeffer würzen. Sofort servieren.

Gut zu wissen
Ist einmal ein Stück Hirschbraten übrig, so muss dieser zum Verzehr am nächsten Tag nicht zwangsweise aufgewärmt werden. Einen Salat daraus zuzubereiten klingt anfangs zugegebenermaßen etwas befremdlich. Der Geschmack später gibt einem aber wieder Recht ...

Tatar »classico« vom Hirschrücken

zergeht auf der Zunge

4
Personen

30
Minuten Zubereitung

Zutaten

- → 600 g Hirschrücken (küchenfertig pariert)
- → 4 TL scharfer Dijon-Senf
- → 2 TL Tabasco
- → 4 EL Tomatenketchup
- → 2 EL Worcestershire-Sauce
- → 4 EL Olivenöl
- → 20 ml Cognac (nach Belieben)
- → schwarzer Pfeffer (frisch gemahlen)
- → 1 kleine rote Zwiebel
- → 4 TL Kapern
- → 6 Cornichons (ersatzweise andere Essiggurken)
- → 4 Sardellenfilets
- → 4 Eigelb (S)

Außerdem

- → 4 Metallringe à 6 cm Durchmesser (nach Belieben)

Tausch-Tipp
Es muss nicht immer der Hirschrücken sein. Das Tatar schmeckt auch extrem fein mit Fleisch aus der Nuss oder Semmerrolle.

Aroma-Tipp
Für die Frische gerne einige Blätter frisches Koriandergrün und Basilikum fein hacken und untermischen.

1. Das Fleisch mit Küchenpapier trocken tupfen, mit einem scharfen Messer klein schneiden und fein hacken. In eine große Schüssel geben.

2. Senf, Tabasco, Ketchup und Worcestershire-Sauce zum Fleisch hinzufügen, alles mit Olivenöl und Cognac überträufeln und mit Pfeffer übermahlen. Die Zutaten gut vermischen und nochmals abschmecken.

3. Die Zwiebel schälen, Kapern und Cornichons gut abtropfen lassen, die Sardellenfilets gründlich abtupfen. Dann alles separat fein hacken und beiseitestellen.

4. Die Tatarmasse mittig auf vier Teller verteilen und rund formen. Dazu gegebenenfalls einen Metallring (ca. 6 cm Ø) oder eine Tasse verwenden. In der Mitte des Tatars mit einem Teelöffel eine kleine Kuhle formen und je 1 Eigelb vorsichtig hineingeben.

5. Zuletzt die fein gehackten Zwiebeln, Cornichons, Kapern und Sardellenfilets um das Tatar auf den Tellern verteilen, sodass jeder selbst das Tatar frisch auf dem Teller anrühren kann. Sofort servieren.

Das schmeckt dazu
Am liebsten esse ich dazu knusprig-kross geröstete Weißbrotscheiben mit etwas Olivenöl beträufelt.

Rosa Roastdeer vom Hirschrücken

mit Remouladensauce

8
Personen

30
Minuten Zubereitung

15
Minuten Garzeit

Zutaten
- → 2 kg ausgelöster Hirschrücken (küchenfertig pariert)
- → 2 EL bunte Pfefferkörner
- → 2 EL grobes Meersalz
- → 4 EL Öl (z. B. Sonnenblumenöl)
- → 1 rote Zwiebel
- → 10 Cornichons (ersatzweise andere Essiggurken)
- → ½ Zitrone
- → 300 g Mayonnaise
- → Zucker
- → Salz

Tuning-Tipp
Wer die selbst gemachte Remoulade mit 1 Portion Safranfäden veredeln will, sollte die Sauce bereits einige Stunden vor dem Servieren zubereiten, damit Farbe und Geschmack in die Masse übergehen können.

1. Den Backofen auf 140° vorheizen. Ein Backblech auf der mittleren Einschubhöhe mit aufheizen. Den Hirschrücken mit Küchenpapier trocken tupfen und rundum mit Pfeffer und Meersalz würzen.

2. In einer großen Pfanne das Öl erhitzen. Das Fleisch darin bei großer Hitze in ca. 10 Min. von allen Seiten kastanienbraun anbraten, dann aus der Pfanne nehmen, auf das heiße Blech legen und im vorgeheizten Ofen (Mitte) ca. 12–15 Min. garen, bis die Kerntemperatur 52–55° beträgt. Wer das Fleisch weniger rosa möchte, nimmt das Roastdeer erst bei knapp 60° Kerntemperatur aus dem Ofen.

3. Inzwischen die Zwiebel schälen und fein würfeln. Die Cornichons abtropfen lassen, dann fein hacken. Den Saft der Zitrone auspressen.

4. Die Mayonnaise in eine Schüssel geben. Zwiebelwürfel, Cornichons, Zitronensaft, ½ TL Zucker sowie ¼ TL Salz hinzufügen und alles so lange gründlich verrühren, bis sich Salz und Zucker komplett aufgelöst haben. Die Remoulade nochmals abschmecken.

5. Das Roastdeer am Ende der Garzeit aus dem Ofen nehmen und abkühlen lassen. Dann in dünne Scheiben schneiden und mit der Remoulade servieren.

Gut zu wissen
Allen kochschultechnischen Regeln zum Trotz brate ich mein Roastdeer bewusst mit den Pfefferkörnern in der Pfanne an. Diese geben beim Erhitzen ihre ätherischen Öle in Form von Rauch an das Fleisch ab. Und genau das sorgt bei dieser Art der Zubereitung für das unvergessliche rauchig-pfeffrige Aroma des Fleisches!

Reispfanne mit gebratenen Hirschherzen

Aber bitte mit Sahne!

4
Personen

30
Minuten Zubereitung

Zutaten

- → 400 g Langkornreis
- → Salz
- → 2 Zwiebeln
- → 1 Knoblauchzehe
- → ½ Bund Petersilie
- → 400 g Champignons (ersatzweise Egerlinge)
- → 50 g Butter
- → 2 Hirschherzen (küchenfertig pariert, mit Herzkranzfett)
- → schwarzer Pfeffer (frisch gemahlen)
- → Zucker
- → 100 g weißer Speck
- → 2 frische Lorbeerblätter
- → 500 g Sahne
- → 2 EL Crème fraîche
- → 200 ml Madeira oder Portwein
- → 1 EL Zitronensaft

Tausch-Tipp
Anstelle von Champignons schmeckt auch jeder andere Speisepilz. Sind keine Pilze im Haus, so kann stattdessen auch die gleiche Menge Brechbohnen, Brokkoli oder Möhren verwendet werden.

1. Den Reis in kochendem Salzwasser etwa 2 Min. kürzer kochen, als auf der Packung angegeben. Danach in ein Sieb abgießen und gut abtropfen lassen.

2. Die Zwiebeln schälen, fein würfeln. Den Knoblauch schälen und sehr fein hacken. Die Petersilie abbrausen und trocken schütteln, die Blätter abzupfen und fein hacken. Die Pilze putzen, bei Bedarf mit einem Tuch abreiben und in Scheiben schneiden.

3. In einer großen, hochrandigen Pfanne die Butter erhitzen. Die Hirschherzen mit Küchenpapier trocken tupfen und in sehr feine Scheiben schneiden. Die Scheiben leicht salzen und pfeffern, dann in der Pfanne bei großer Hitze in insgesamt 1 Min. beidseitig anbraten. Herausnehmen und beiseitestellen.

4. In derselben Pfanne die Zwiebelwürfel im heißen Bratfett andünsten und mit 2 TL Zucker und ½ TL Salz goldgelb karamellisieren. Bei Bedarf noch etwas Butter hinzufügen. Den Speck fein würfeln, in die Pfanne geben und bei kleiner Hitze unter Rühren so lange anbraten, bis er glasig ist.

5. Die Champignons hinzufügen und goldgelb anbraten. Die Lorbeerblätter waschen, trocken tupfen und dazugeben. Die Sahne angießen, die Crème fraîche unterrühren und dabei den Bratensatz vom Pfannenboden lösen. Die Sauce bei kleiner Hitze einkochen, bis sie eine cremige Konsistenz angenommen hat.

6. Madeira, Knoblauch und Reis zu der Pilzmischung in die Pfanne geben und alles unter Rühren für einige Minuten bei kleiner Hitze einköcheln lassen.

7. Die Lorbeerblätter entnehmen. Die Herzscheiben mitsamt dem ausgetretenen Fleischsaft in die Pfanne geben, die gehackte Petersilie hinzufügen, dann alles mit Salz, schwarzem Pfeffer und einem Spritzer Zitronensaft abschmecken. Sofort servieren.

Zitronenschnitzel vom Rothirschkalb

einfach gut

4
Personen

25
Minuten Zubereitung

Zutaten
- → 4 Bio-Zitronen
- → 2 Knoblauchzehen
- → 150 g Mehl
- → 800 g dünne Schnitzel vom Rothirschkalb (z. B. aus der Oberschale oder Nuss; küchenfertig pariert)
- → Salz
- → weißer Pfeffer (frisch gemahlen)
- → 100 g Butter
- → 100 ml Wermut (z. B. Noilly Prat)
- → 1 EL frisches Fenchelgrün
- → Zucker

1. Eine Zitrone heiß abwaschen und im Kühlschrank kurz abkühlen lassen. Dann die Schale fein abreiben und von allen Zitronen den Saft auspressen. Den Knoblauch schälen und andrücken.
2. Das Mehl auf einem flachen Teller ausstreuen. Das Fleisch mit Küchenpapier trocken tupfen und quer zur Faser in ca. 1 cm dünne Scheiben schneiden. Die Schnitzel mit einem Plattiereisen auf ca. 6 mm flach klopfen, salzen, leicht pfeffern und im Mehl wenden.
3. In einer Pfanne portionsweise die Butter erhitzen. Die Schnitzel nacheinander im heißen Fett von beiden Seiten bei mittlerer Hitze hellbraun anbraten, aus der Pfanne nehmen und auf einen Teller stapeln.
4. Anschließend den Bratensatz mit Wermut ablöschen und mit einem Bratspachtel vom Pfannenboden lösen. Den Zitronensaft angießen, den Zitronenabrieb, den Knoblauch und das Fenchelgrün hinzufügen und alles verrühren. Die Sauce mit Salz, Zucker und Pfeffer abschmecken. Ist sie zu dickflüssig, dann esslöffelweise Wasser bis zur gewünschten Konsistenz zugeben.
5. Zum Schluss die Schnitzel samt Fleischsaft in die Pfanne geben und so lange darin schwenken, bis alle rundum mit Sauce bedeckt sind. Sofort servieren.

Das schmeckt dazu
Zu diesem sehr frischen Gericht esse ich am liebsten klassischen weißen Langkornreis.

Rothirschfilet in Panko

superkross trifft supersoft

4
Personen

20
Minuten Zubereitung

Zutaten

- → 4 Rothirschfilets (küchenfertig pariert, gut abgehangen)
- → 500 g Butterschmalz (ersatzweise 500 ml Rapsöl)
- → 2 Eier (M)
- → 50 g Mehl
- → 200 g Panko (asiat. Semmelbrösel)
- → 2 Bio-Zitronen
- → Salz

Praxis-Tipp
Frittieren ist ganz einfach – Hauptsache, das Fett ist richtig heiß! Andernfalls wird die Panade nicht knusprig. Die richtige Temperatur zum Frittieren ist erreicht, wenn an einem hölzernen Kochlöffelstiel, den Sie in das Fett halten, zahlreiche kleine Bläschen aufsteigen.

1. Das Fleisch mit Küchenpapier trocken tupfen und quer zur Faser in ca. 2 cm dicke Scheiben schneiden.
2. Das Butterschmalz in einer hohen Pfanne erhitzen. Dabei dringend darauf achten, dass das Fett nicht zu heiß wird und zu rauchen anfängt.
3. Inzwischen in einem tiefen Teller die Eier mit einer Gabel schaumig schlagen. Mehl und Panko jeweils auf einem flachen Teller ausstreuen. Die Zitronen heiß waschen und im Kühlschrank kurz abkühlen lassen. Anschließend in schmale Spalten schneiden.
4. Die Fleischstücke nacheinander in Mehl wenden, überschüssiges Mehl abklopfen. Die Stücke durch die verquirlten Eier ziehen und dann im Panko wenden.
5. Das panierte Fleisch möglichst gleichmäßig im heißen Fett goldbraun backen. Sobald die Panade goldbraun ist, können Sie davon ausgehen, dass das Fleisch genau richtig gegart und innen noch leicht rosa ist.
6. Die goldbraun gebratenen Hirsch-Nuggets mit einer Schaumkelle aus der Pfanne heben und auf einem Teller mit Küchenpapier abtropfen lassen.
7. Die abgetropften Nuggets großzügig salzen und mit den Zitronenspalten auf Tellern anrichten. Sofort servieren und genießen, bevor das Fleisch trocken wird.

Das schmeckt dazu
Dazu passt zum Tunken jegliche Art von Mayonnaise.

Surf & Turf mit Hirschkalb und weißem Fisch

vielseitig variierbar

4
Personen

45
Minuten Zubereitung

Zutaten

→ 1 l Wildfond

→ 4 Zweige Thymian

→ Salz

→ Zucker

→ 1 TL Wacholderbeeren

→ schwarzer Pfeffer (frisch gemahlen)

→ 100 g Butter

→ 8 Steaks à 150 g aus der Nuss der Hirschkalbskeule

→ 100 g Sahne

→ 400 g weißes Fischfilet mit Haut

→ 4 EL Mehl

→ ½ TL Lavendelsalz

→ 40 g kühlschrankkalte Butter

Tausch-Tipp
Sie können für dieses Gericht auch alle anderen Fleischstücke des Hirschkalbs verwenden, die sich für die Zubereitung als Steak eignen. Zudem nenne ich hier absichtlich keine bestimmte Fischart, damit Sie freie Wahl haben. Ob heimischer Zander, Wels, Seeteufel, Kabeljau oder Wolfsbarsch – mit Ausnahme der Makrele eignet sich für dieses Gericht jeder Fisch mit weißem Fleisch.

1. Den Wildfond in einem Topf erhitzen und bei kleiner Hitze auf ca. 200 ml einkochen lassen. Inzwischen den Thymian kalt abbrausen und trocken schütteln. Den eingekochten Fond vom Herd nehmen, mit Salz und Zucker abschmecken. Den Thymian dazugeben.

2. Den Backofen auf 75° vorheizen. Die Wacholderbeeren im Mörser sehr fein zermahlen. Anschließend mit etwas Salz und Pfeffer vermischen.

3. In einer großen Pfanne 50 g Butter erhitzen. Das Fleisch mit Küchenpapier trocken tupfen und mit der Würzmischung bestreuen. Im heißen Fett bei großer Hitze beidseitig leicht anbräunen, dann aus der Pfanne herausnehmen, auf ein Backblech legen und im vorgeheizten Ofen (Mitte) ca. 20 Min. garen.

4. Die Sahne in einen hohen Rührbecher geben und mit den Rührbesen des Handrührgeräts steif schlagen.

5. In einer zweiten Pfanne die restliche Butter (50 g) erhitzen. Das Fischfilet trocken tupfen und in vier gleich große Stücke schneiden. Die Hautseite salzen, mit Mehl bestäuben und so lange im heißen Fett braten, bis das Filet von unten durchgegart ist. Dann die Oberseite mit etwas Lavendelsalz bestreuen.

6. Den eingekochten Fond nochmals erhitzen. Die kalte Butter nach und nach in Flocken dazugeben und mit dem Schneebesen so lange unterrühren, bis sie geschmolzen und die Sauce leicht angedickt ist.

7. Die fertig gegarten Steaks aus dem Ofen nehmen, jeweils zwei leicht überlappend auf vier Tellern anrichten und die Sauce darüberträufeln. Je ein Fischfilet mit der knusprigen Haut nach oben darauf drapieren und mit jeweils 1 EL Schlagsahne garnieren. Die Sahne nach Wunsch mit einem Zweig Thymian aus der Sauce dekorieren. Sofort servieren.

Rothirsch-Reispfanne mit Erbsen

gelingt auch mit jeder anderen Wildart

4
Personen

45
Minuten Zubereitung

Zutaten

- → 400 g Langkornreis
- → Salz
- → 600 g Erbsen (ca. 200 g gepalt)
- → Zucker
- → 1 Bund Frühlingszwiebeln
- → 6 Zweige Thymian
- → 1 Knoblauchzehe
- → 1 Stück Ingwer (1 cm lang)
- → 60 g Butter
- → 800 g Hirschfleisch aus der Keule (küchenfertig pariert)
- → 100 g Wildschweinspeck (ersatzweise anderer Speck)
- → schwarzer Pfeffer (frisch gemahlen)

Tuning-Tipp
Für einen Tick Schärfe sorgt ½ TL Chiliflocken. Diese mit den anderen Gewürzen in die Reispfanne geben.

So schmeckt's auch
Ich persönlich esse die Reispfanne gerne »trocken«. Wer mehr Sauce haben möchte, kann nach dem Anbraten des Fleisches den Bratensatz ohne Weiteres mit einigen 100 ml Sahne, Wildfond oder Wein ablöschen.

1. Den Reis in kochendem Salzwasser nach Packungsan weisung weich garen. Danach in ein Sieb abgießen und gut abtropfen lassen. Die Erbsen palen, waschen und ca. 5 Min. in Zuckerwasser garen, anschließend abgießen, kalt abschrecken und abtropfen lassen.

2. Die Frühlingszwiebeln putzen, waschen und mitsamt dem frischen Grün in Ringe schneiden. Den Thymian kalt abbrausen und trocken schütteln. Knoblauch und Ingwer schälen, den Knoblauch andrücken und den Ingwer in dünne Scheiben schneiden.

3. In einer Pfanne die Butter erhitzen. Frühlingszwiebeln darin bei mittlerer Hitze anbraten und mit 1 TL Zucker und ½ TL Salz goldbraun karamellisieren.

4. Das Fleisch mit Küchenpapier trocken tupfen und in mundgerechte Stücke schneiden. Den Speck fein würfeln. Beides zu den Frühlingszwiebeln mit in die Pfanne geben und in 2-5 Min. braun anbraten.

5. Die Brühe angießen und den Bratensatz mit einem Bratspachtel vom Pfannenboden lösen. Den abgetropften Reis und die Erbsen, dann den Thymian, Ingwer und Knoblauch hinzufügen, alles gut verrühren und ca. 5 Min. unter Rühren braten. Bei Bedarf noch etwas Butter nachgeben.

6. Den Pfanneninhalt mit Salz und Pfeffer abschmecken. Die Thymianzweige und Ingwerscheiben entnehmen. Das Gericht auf Teller verteilen und servieren.

Das tiefe Röhren der Rothirsche während der Brunftzeit ist über Kilometer weit zu hören. Weiße Stücke kommen beim Rotwild im Gegensatz zu Damwild selten vor.

»Die Jagd auf Rotwild ist nach wie vor ein Privileg und fordert einiges an Wissen, Erfahrung und nicht zuletzt das gewisse Quantum Glück.«

Hier wird deutlich, warum man den Rothirsch den König der Wälder und Felder nennt. Sein imposantes Erscheinungsbild bleibt in jedem Fall unvergesslich.

Rothirsch-Auberginen-Auflauf

Diesen Auflauf muss jeder lieben!

4
Personen

45
Minuten Zubereitung

40
Minuten Schmoren

10
Minuten Ruhen

Zutaten

→ 2 Zucchini

→ 2 Auberginen

→ 6 Tomaten

→ 2 gelbe Zwiebeln

→ 4 Knoblauchzehen

→ 160 ml Olivenöl

→ Zucker

→ Salz

→ 600 g Hackfleisch vom Rotwild

→ 1 EL getrockneter Oregano

→ 2 TL gemahlener Kreuzkümmel

→ 1 Msp. Cayennepfeffer

→ ½ TL Zimtpulver

→ ½ EL edelsüßes Paprikapulver

→ schwarzer Pfeffer (frisch gemahlen)

→ 400 g Bergkäse (am Stück)

Außerdem

→ Auflaufform (ca. 20×30×10 cm)

1. Zucchini und Auberginen putzen und waschen. Die Auberginen in 1,5 cm dicke, die Zucchini in 1 cm dicke Scheiben schneiden. Tomaten waschen, vom Stielansatz befreien und gleichfalls in ca. 1 cm dicke Scheiben schneiden. Die Zwiebeln schälen, klein würfeln, den Knoblauch schälen und fein hacken.

2. Den Backofen auf 180° (Umluft) vorheizen. In einer Pfanne 50 ml Öl erhitzen und die Zucchinischeiben darin bei mittlerer Hitze goldbraun anbraten. Herausnehmen und beiseitestellen. Dann die Auberginen portionsweise in ca. 100 ml Öl goldbraun anbraten.

3. In der heißen Pfanne nochmals 1 EL Öl erhitzen und nun die Zwiebeln bei mittlerer Hitze goldbraun anbraten. Mit 3 TL Zucker und 1 TL Salz karamellisieren.

4. Das Hackfleisch zu den Zwiebeln in die Pfanne geben und scharf anbraten. Knoblauch, Oregano, Kreuzkümmel und Cayennepfeffer sowie das Zimt- und Paprikapulver hinzufügen, alles gut verrühren und kräftig mit Pfeffer und Salz abschmecken. Das Fleisch darf fast schon versalzen und überwürzt schmecken.

5. Den Käse fein reiben. Den Boden der Form mit Auberginenscheiben belegen, dann jeweils eine Schicht Fleisch, Tomaten, Zucchini und Käse daraufgeben und wieder von vorne beginnen, bis alle Zutaten verbraucht sind. Dabei mit dem Käse abschließen.

6. Den Auflauf im vorgeheizten Ofen (Mitte) in etwa 40 Min. goldbaun backen, dann herausnehmen, ca. 10 Min. ruhen lassen und noch heiß servieren.

Rothirschragout

Ungarn lässt grüßen

4
Personen

30
Minuten Zubereitung

90
Minuten Schmoren

Zutaten

- → 1 gelbe Paprika
- → 1 rote Paprika
- → 1 Möhre
- → 4 Stangen Staudensellerie
- → 6 Schalotten
- → 6 Knoblauchzehen
- → 2 Strauchtomaten
- → 1 TL Wacholderbeeren
- → 4 Nelken
- → 1 TL Pimentkörner
- → ½ Bund Thymian
- → ½ Bund glatte Petersilie
- → 80 ml Olivenöl
- → 1,2 kg Hirschfleisch aus der Keule, der Schulter oder dem Nacken (küchenfertig pariert)
- → 2 EL Mehl
- → Zucker
- → Salz
- → 500 ml Wildfond
- → 200 ml Rotwein
- → 4 frische Lorbeerblätter
- → ½ TL Cayennepfeffer
- → ½ EL edelsüßes Paprikapulver
- → 450 ml Crème fraîche
- → schwarzer Pfeffer (frisch gemahlen)

1. Den Backofen auf 180° (Umluft) vorheizen. Die Paprika halbieren, Stielansatz, weiße Trennwände und Kerne entfernen. Die Paprikahälften waschen und grob würfeln. Möhre putzen, schälen und in Scheiben schneiden. Den Staudensellerie putzen, waschen und ebenfalls in Scheiben schneiden. Die Schalotten schälen, halbieren und in Längsstreifen schneiden, Knoblauch schälen und sehr fein hacken.

2. Die Tomaten in einer Schüssel mit kochendem Wasser überbrühen, nach 30 Sek. herausheben und kalt abspülen. Die Tomaten häuten, vierteln, Stielansätze und Kerne entfernen. Die Viertel fein würfeln. Wacholderbeeren, Nelken und Pimentkörner in einen Teefilter geben und zu einem Gewürzsackerl verschnüren. Die Kräuter abbrausen, trocken schütteln und die Blätter abzupfen. Die Petersilie fein hacken.

3. Das Öl in einem großen Bräter erhitzen. Währenddessen das Fleisch mit Küchenpapier trocken tupfen, in mundgerechte Würfel schneiden, salzen und pfeffern. Die Stücke portionsweise im heißen Öl bei großer Hitze braun anbraten, dann herausnehmen, auf einen breiten Teller geben und mit Mehl bestäuben. Die Schalotten im heißen Bratfett bei mittlerer Hitze glasig andünsten und mit 4 TL Zucker und 1 TL Salz karamellisieren. Das vorbereitete Gemüse bis auf den Knoblauch dazugeben und ebenfalls kurz anbraten.

4. Den Pfanneninhalt mit Fond und Rotwein ablöschen, das Gewürzsackerl und die Lorbeerblätter hinzufügen und alles mit Cayennepulver und Paprikapulver würzen. Das Fleisch samt Saft in den Bräter geben, unterrühren, einmal aufkochen lassen und dann zugedeckt ca. 90 Min. im vorgeheizten Ofen (Mitte) schmoren. Nach 80 Min. den Thymian und den Knoblauch unterrühren und die restlichen 10 Min. mitschmoren.

5. Danach den Bräter aus dem Ofen nehmen und das Gewürzsackerl entfernen. 300 g Crème fraîche unterrühren und alles mit Rotwein, Salz, Zucker und etwas Paprikapulver abschmecken. Zum Servieren das Ragout auf Teller verteilen, mittig einen Klecks Crème fraîche drapieren und die Petersilie darüberstreuen.

Hirschrouladen

in Portwein geschmort

4
Personen

30
Minuten Zubereitung

90
Minuten Schmoren

Zutaten
- → 8 Rouladen aus der Oberschale vom Rothirsch
- → 8 Cornichons (ersatzweise 4 Gewürzgurken)
- → 4 Schalotten
- → 1 Scheibe weißer Speck (ca. 8 mm dick)
- → 8 EL scharfer Senf (z. B. Dijon-Senf)
- → ¼ Knolle Sellerie
- → 1 Stange Lauch
- → 2 gelbe Zwiebeln
- → 2 Möhren
- → 1 Petersilienwurzel (ersatzweise 1 Pastinake)
- → 6 EL Öl
- → Zucker
- → Salz
- → 1 EL Tomatenmark
- → 400 ml Portwein
- → 600 ml Wildfond
- → ½ Bund Thymian
- → 4 frische Lorbeerblätter
- → ½ TL gemahlener Piment
- → 4 Knoblauchzehen
- → schwarzer Pfeffer (frisch gemahlen)
- → Sahne (nach Belieben)

Außerdem
- → 8 Rouladennadeln

1. Den Backofen auf 160° (Umluft) vorheizen. Die Rouladen mit dem Plattiereisen beidseitig behutsam plätten, sodass sich ihre Fläche ein wenig vergrößert.

2. Die Cornichons der Länge nach halbieren bzw. die Gewürzgurken der Länge nach vierteln. Schalotten schälen und längs vierteln. Den Speck in acht gleichbreite Längsstreifen schneiden.

3. Das Fleisch auf einer großen Arbeitsfläche nebeneinander auslegen, mit dem Senf bestreichen, salzen, pfeffern und jeweils mit saurer Gurke, Schalotte und Speck belegen. Dann von der Schmalseite her fest aufrollen und mit einer Rouladennadel fixieren.

4. Den Sellerie schälen, fein würfeln. Den Lauch putzen, der Länge nach einschneiden, gründlich waschen und dann in Scheiben schneiden. Die Zwiebeln schälen, fein würfeln. Die Möhren und Petersilienwurzel ebenfalls schälen und in feine Würfel schneiden.

5. Das Öl in einem großen Bräter Öl erhitzen und die Rouladen darin bei größter Hitze zur gewünschten Bräune anbraten. Danach herausnehmen, auf einen Teller geben und beiseitestellen. Das vorbereitete Gemüse im heißen Bratfett anbraten und mit 2 TL Zucker und ½ TL Salz karamellisieren. Das Tomatenmark dazugeben und kurz anschwitzen, dann mit dem Portwein und Wildfond ablöschen.

6. Die Rouladen nebeneinander in den Bräter geben. Den Deckel auflegen und die Rouladen im vorgeheizten Ofen (Mitte) etwa 90 Min. schmoren. Anschließend den Bräter aus dem Ofen nehmen, die Rouladen auf einen Teller heben und warmhalten.

7. Die Kräuter kalt abbrausen und trocken schütteln. Den Knoblauch schälen und andrücken. Kräuter und Knoblauch mit dem Piment zur Sauce geben, diese aufkochen und cremig einkochen lassen. Dann vom Herd nehmen, Thymian und Lorbeer entfernen und das Gemüse mit dem Pürierstab fein pürieren.

8. Die Sauce mit Salz und Pfeffer abschmecken und nach Belieben mit etwas Rotwein oder Sahne verfeinern. Die Rouladen auf Tellern anrichten, mit Sauce übergießen und heiß genießen. Dazu passen Nudeln und Spätzle, aber auch Knödel, Kartoffeln oder Reis.

Oberschale vom Rothirsch in Bergwiesen-Heu

unbedingt probieren

4
Personen

35
Minuten Zubereitung

55
Minuten Schmoren

Zutaten
- → 4 Schalotten (ersatzweise 2 gelbe Zwiebeln)
- → 4 Knoblauchzehen
- → 1 TL Wacholderbeeren
- → 1 TL schwarze Pfefferkörner
- → 1,6 kg Oberschale vom Rothirsch (gut abgehangen, küchenfertig pariert)
- → Salz
- → Zucker
- → 2 EL Butterschmalz
- → 400 g Bergwiesen-Heu
- → 500 ml Wildfond
- → Sahne (nach Belieben)
- → Crème fraîche (nach Belieben)

1. Die Schalotten oder Zwiebeln schälen, fein würfeln. Die Knoblauchzehen mitsamt der Schale anquetschen. Die Wacholderbeeren im Mörser anquetschen, die Pfefferkörner grob zerstoßen.

2. Den Backofen auf 160° (Umluft) vorheizen. Das Fleisch mit Küchenpapier trocken tupfen und mit den angequetschten Wacholderbeeren, zerstoßenen Pfefferkörnern sowie etwas Salz rundum einreiben.

3. In einem Bräter das Butterschmalz erhitzen, dabei darauf achten, dass es nicht zu heiß wird und anfängt zu rauchen. Die Schalotten im Butterschmalz bei mittlerer Hitze anbraten, dann mit 1 TL Zucker und ½ TL Salz goldgelb karamellisieren. Den Knoblauch hinzufügen, danach die Oberschale in den Bräter geben und bei mittlerer Hitze rundum braun anbraten.

4. Das Heu auf der Arbeitsfläche zu einer Art Matratze formen, das Fleisch darin einwickeln. Dann wieder in den Bräter geben, mit Wildfond und 250 ml Wasser begießen und im heißen Ofen (unten) 45–55 Min. garen. Die Kerntemperatur sollte bei 58° liegen, dann ist das Fleisch in der Mitte rosa.

5. Den Bräter aus dem Ofen nehmen, den Deckel entfernen und den Braten noch einige Minuten ruhen lassen. Dann das Fleisch aus dem Bräter nehmen.

6. Die Sauce bei Bedarf noch etwas einkochen lassen. Nach Belieben mit Sahne und Crème fraîche verfeinern. Sauce mit Salz, Zucker und Pfeffer abschmecken und durch ein feines Sieb in eine Sauciere streichen. Das Fleisch vom Heu befreien, quer zur Faser aufschneiden und mit der Sauce servieren.

Rothirschburger mit Camembert

schmeckt besonders gut vom Grill

4
Personen

40
Minuten Zubereitung

Zutaten

- → 700 g hochwertiges Hirschfleisch (z. B. aus der Keule)
- → 100 g geräucherter Schweinebauch
- → 4 Burgerbrötchen (Buns)
- → 2 Camemberts à 200 g (z. B. Andechser Natur Bio Camembert)
- → 1 rote Zwiebel
- → 8 Blätter Kopfsalat (ersatzweise andere Blattsalate)
- → 4 EL Wildpreiselbeermarmelade
- → Fleur de Sel
- → schwarzer Pfeffer (frisch gemahlen)

1. Das noch leicht gefrorene oder kühlschrankkalte Hirschfleisch mit dem Schweinebauch durch den Fleischwolf (5 mm) drehen, etwas durchkneten und aus der Masse 4 Burger-Pattys à 200 g formen. Diese sollten etwa 3 cm dick sein und mindestens denselben Durchmesser wie die Buns haben. Auf ein flaches Blech legen und 10 Min. in das Tiefkühlfach stellen.

2. Die Brötchen und den Käse jeweils waagrecht halbieren. Die rote Zwiebel schälen und in Ringe schneiden. Den Salat waschen und trocken tupfen.

3. Eine Grillpfanne erhitzen und die Patties von der einen Seite ca. 3 Min. grillen. Dann wenden und sofort mit Pfeffer und reichlich Fleur de Sel würzen. Je eine Scheibe Camembert mittig darauflegen und mit einem Deckel bedeckt weitere 3 Min. grillen. Die Pattys sollen nach dem Braten in der Mitte noch rosa sein.

4. Eine zweite große Pfanne erhitzen und darin die Brötchenhälften ohne Zugabe von Fett bei mittlerer Hitze beidseitig leicht knusprig anbraten.

5. Die unteren Brötchenhälften auf vier Teller verteilen und mit den Salatblättern belegen. Darauf je ein Hirsch-Patty mit dem geschmolzenen Camembert sowie einige Zwiebelringe geben und mit einem gehäuften EL Wildpreiselbeermarmelade toppen. Die obere Brötchenhälfte als Deckel auflegen, mit einem langen Spieß fixieren und den Burger sofort genießen, bevor der Käse wieder fest wird.

Hirschfilet trifft Jakobsmuschel

Surf & Turf in Estragonbutter

4
Personen

30
Minuten Zubereitung

Zutaten
- → 1 Bund frischer Estragon
- → 4 Filets vom Rothirschkalb (küchenfertig pariert)
- → 16 Jakobsmuscheln (küchenfertig)
- → 100 g Butter
- → Fleur de Sel
- → weißer Pfeffer (frisch gemahlen)

Außerdem
- → 8 Holzspieße

1. Die Holzspieße ca. 15 Min. wässern. Den Estragon kalt abbrausen, trocken schütteln. Vier Zweige für die Garnierung beiseitelegen, vom Rest die Blätter abzupfen.
2. Die Filets trocken tupfen und in Scheiben schneiden. Diese sollte in etwa die Dicke der Muscheln haben. Die Jakobsmuscheln mit Küchenpapier abtupfen. Die Spieße abwechselnd mit jeweils drei Scheiben Fleisch und zwei Muscheln bestücken.
3. In einer Pfanne die Butter erhitzen. Die Spieße salzen und im heißen Fett bei mittlerer Hitze ca. 1 Min. von einer Seite anbraten. Dann wenden, den Estragon einstreuen und die Spieße in 1–2 Min. fertig braten.
4. Die Spieße leicht überkreuzt auf vier Tellern anrichten. Die Estragonbutter in der Pfanne nochmals kurz aufschäumen lassen, danach mit einem Löffel über die Spieße träufeln. Diese mit weißem Pfeffer und etwas Fleur de Sel würzen, mit je 1 Zweig Estragon garnieren und sofort servieren.

Das schmeckt dazu
Hierzu serviere ich gerne ein knuspriges Baguette, mit dem man zum Schluss die köstliche Estragonbutter vom Teller aufnehmen und genießen kann.

Schwarzwild

Schwarzwild (lat. Sus scrofa) ist eine äußerst intelligente, aber auch wehrhafte Wildart. Es gilt als Urform unserer Hausschweine und ist oft eine jagdliche Herausforderung.

Im Gegensatz zu sehr vielen mir bekannten Jägern und Jagdfreunden ist die Jagd auf Schwarzwild und dessen Wildbret nicht gerade meine bevorzugte Disziplin. Wo jedoch der stetig steigende Bestand an Schwarzkitteln bejagt werden muss, sehe ich freilich nicht weg und trage so auch meinen Teil zur Schwarzwildjagd bei. Allerdings verwerte ich ausschließlich erlegte Stücke von der Pirsch- und Ansitzjagd. Von dem auf Drückjagden erlegten Wildbret von Schwarzwild halte ich nichts, da hier das Adrenalin der von Hunden gehetzten Tiere die Qualität das Fleisches deutlich vermindert.
Im Jagdjahr 2019/20 wurden in Deutschland knapp 900000 Wildschweine erlegt. Gegenüber dem Vorjahr ein beachtliches Plus von knapp 300000 - und die Population steigt weiter an. Es bleibt zu hoffen, dass die immer häufiger grassierende Schweinepest hier nicht zu viel Schaden anrichten wird. Dem Straßenverkehr fielen rund 31000 Tiere zum Opfer.
Das Wildbret vom Wildschwein ist vielerorts überaus beliebt. Sein Geschmack ist weniger kräftig als der des Fleisches unserer überzüchteten Hausschweine, was ihm eine ausgesprochen elegante Note verleiht. Von der Konsistenz her sehr saftig und zart-kernig schmeckt es jedoch lange nicht so würzig wie entsprechende Stücke von Reh- und Rotwild. Wildschwein liefert vor allem hochwertige Eiweiße und wenig Fett. Vitamine und Spurenelemente sind ebenfalls enthalten. Vor dem Verzehr ist zwingend eine Trichinenuntersuchung und ortsabhängig auch eine Becquerelmessung (Grenzwert 600) notwendig. Für diese Untersuchungen sind die Jäger selbst verantwortlich, d. h., Sie bekommen beim Kauf nur einwandfreies Fleisch von Wildschweinen.

Jagdzeiten für Schwarzwild

Frischlinge	ganzjährig
Überläufer	ganzjährig
Keiler	ganzjährig*
Bachen	ganzjährig*

*Während der Setzzeiten ist die Jagd auf Elterntiere, die zur Aufzucht der Jungtiere notwendig sind, verboten.

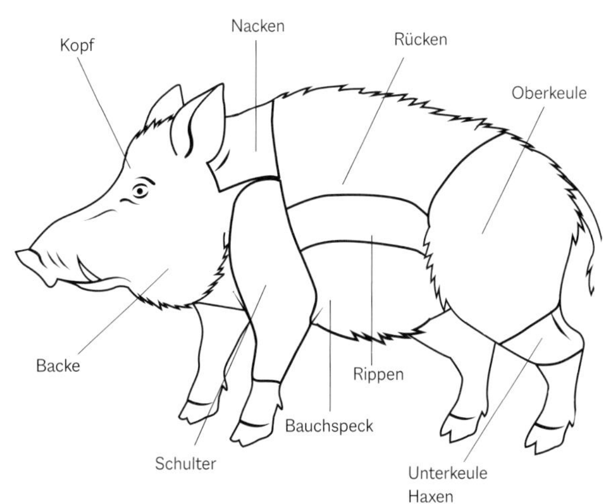

Wildschweinbratensalat à la Toskana

lecker-leichte Italienküche

4
Personen

45
Minuten Zubereitung

Zutaten

- → 70 ml Rotweinessig
- → Salz
- → Zucker
- → 1 Möhre
- → 2 Stangen Staudensellerie
- → 2 rote Zwiebeln
- → 2 Frühlingszwiebeln
- → 2 Knoblauchzehen
- → ¼ Bund Thymian
- → ½ Bund Oregano
- → 1 Bio-Orange
- → 50 g getrocknete Tomaten (in Öl)
- → 50 g grüne Oliven (entsteint)
- → 500 g kalter, magerer Wildschweinbraten (z. B. aus der Keule)
- → 150 g mittelalter Pecorino
- → 11 EL Olivenöl
- → 50 g Pinienkerne
- → 50 g Kapern
- → schwarzer Pfeffer (frisch gemahlen)

Tausch-Tipp
Versuchen Sie diesen köstlich-frischen Salat doch mal mit Hirsch- oder Rehbraten. Auch mit kaltem Krustenbraten vom Hausschwein schmeckt dieser sommerliche Salat garantiert.

1. Den Rotweinessig mit 100 ml Wasser, ½ TL Salz und 3 TL Zucker in ein Schraubglas geben, dieses fest verschließen und so lange schütteln, bis sich Salz und Zucker komplett aufgelöst haben. Das Dressing sollte gleichermaßen sauer, süß und salzig schmecken.

2. Die Möhre schälen, längs halbieren und schräg in sehr feine Scheiben schneiden. Staudensellerie putzen, waschen und in dünne Scheiben schneiden.

3. Zwiebeln schälen, halbieren und quer in dünne Scheiben schneiden. Frühlingszwiebeln putzen, waschen und mitsamt dem feinen Grün in dünne Scheiben schneiden, Knoblauch schälen, sehr fein hacken.

4. Die Kräuter abbrausen und trocken schütteln, die Blätter abzupfen. Orange heiß waschen und abkühlen lassen. Tomaten fein würfeln, grüne Oliven vierteln. Den Braten zunächst in Scheiben und dann in dünne Streifen schneiden. Den Käse grob hobeln.

5. In einer Pfanne 6 EL Olivenöl erhitzen. Den Staudensellerie darin bei mittlerer Hitze andünsten und mit 1 TL Zucker und 1 Prise Salz karamellisieren. Möhren, Zwiebeln und Knoblauch dazugeben und kurz mitbraten, dann die Pfanne vom Herd nehmen.

6. In einer zweiten Pfanne die Pinienkerne ohne Fett bei mittlerer Hitze anrösten, bis sie zu duften beginnen.

7. Bratenstreifen, angebratenes Gemüse, getrocknete Tomaten, Oliven und Kapern in eine große Schüssel geben. Mit Oregano- und Thymianblättchen bestreuen und die Schale der Orange darüberreiben.

8. Das restliche Olivenöl (5 EL) in das Schraubglas geben, das Dressing gut aufschütteln und über die Salatzutaten träufeln. Alles gut vermischen. Den Salat auf Tellern anrichten, zunächst mit den Frühlingszwiebeln, dann mit dem Pecorino und zuletzt mit den Pinienkernen bestreuen und sofort genießen.

Saftig-zarte rosa Wildschweinlachse

sanft vorgegart, scharf angebraten

4
Personen

30
Minuten Zubereitung

20
Minuten Ruhen

Praxis-Tipp
Ist das Fleischstück für die Pfanne zu lang, einfach quer halbieren. Die Brat- und Garzeiten bleiben gleich.

Zutaten
- → ½ Bund frischer Thymian
- → 1,2 kg Wildschweinlachse (ausgelöster Wildschweinrücken, küchenfertig pariert)
- → 5 EL Olivenöl
- → 50 g Butter
- → Fleur de Sel
- → schwarzer Pfeffer (frisch gemahlen)

1. Backofen auf 120° vorheizen. Die Thymianzweige kurz abbrausen und trocken schütteln.
2. Das Fleisch mit Küchenpapier trocken tupfen, mit dem Öl einreiben und auf ein Backblech geben. Im vorgeheizten Backofen (Mitte) je nach Dicke 25–28 Min. braten. Bei einer Kerntemperatur von 60–62° ist das Fleisch in der Mitte rosa, bei 70° fast durch, bei 75–78° komplett durchgebraten, was für so ein feines Stück Wildbret jedoch sehr schade wäre.
3. Die Butter in einer großen Pfanne erhitzen, Thymian darin kurz bei mittlerer Hitze anbraten. Dabei darauf achten, dass die Butter maximal goldgelb wird.
4. Die Wildschweinlachse aus dem Ofen nehmen, salzen, pfeffern und im heißen Fett bei großer Hitze von allen Seiten braun anbraten. Anschließend mit Alufolie bedeckt ca. 10 Min. ruhen lassen, dann in gewünscht dicke Scheiben schneiden und sofort servieren.

Wildschwein-Saltimbocca-Bacon-Sticks

Feuer und Flamme für mehr Aroma

4
Personen

35
Minuten Zubereitung

Genuss-Tipp
Ein fruchtiger Dip zum Tunken passt hierzu ganz hervorragend. Versuchen Sie zu den Bacon-Sticks doch mal einen Aprikosen-Dip mit gehackter Minze!

Zutaten
- → 40 Salbeiblätter
- → 500 g Wildschweinfleisch (z. B. ausgelöster Rücken, Nuss, Ober- oder Unterschale; küchenfertig pariert)
- → schwarzer Pfeffer (frisch gemahlen)
- → 400 g Frühstücksspeck (in feinen Scheiben)
- → 50 ml Öl
- → 80 g brauner Zucker
- → 80 ml Cognac
- → 20 Zahnstocher

1. Die Salbeiblätter abbrausen, trocken tupfen. Den Wildschweinrücken mit Küchenpapier trocken tupfen und zunächst in ca. 20 cm lange Stücke, dann in Streifen von 2×2 cm Größe schneiden.
2. Die Fleischstreifen pfeffern und jeweils mit zwei Salbeiblättern belegen sowie mit zwei Streifen Bacon versetzt spiralförmig umwickeln. Dann alles mit Zahnstochern fixieren.
3. In einer Pfanne das Öl erhitzen. Den Zucker im Mixer oder mit dem Pürierstab pulverisieren. Die Sticks rundum damit bepudern und im heißen Öl bei großer Hitze knusprig anbraten.
4. Zum Flambieren den Cognac über die Sticks geben, durch Schwenken in der Pfanne verteilen und mit einem langen Streichholz entzünden. Sobald der Alkohol ausgebrannt ist, die Sticks auf Tellern anrichten und heiß genießen.

Wildschweinspieße mit Ingwer-Hoisin-Sauce

knusprig-krosser Gaumenkitzler in scharf-süßer Begleitung

4
Personen

40
Minuten Zubereitung

45
Minuten Garen

Zutaten
- → 1 Stange Zimt
- → 2 Nelken
- → 1 Sternanis
- → 2 schwarze Kardamomkapseln
- → Salz
- → Zucker
- → 500 g durchwachsener Wildschweinbauch
- → 1 Stück Ingwer (2 cm lang)
- → 1 Knoblauchzehe
- → 100 ml Hoisin-Sauce (> Info »Gut zu wissen«)
- → 2 EL geröstetes Sesamöl
- → 100 g Kartoffelstärke
- → 700 ml Öl zum Frittieren

Außerdem
- → ca. 12 Holzspieße

Genuss-Tipp
Am besten geeignet ist fetter Wildschweinbauch (das »Wammerl«) von einer schweren adulten Sau, vorzugsweise einer reifen Bache. Ist kein fetter Schweinebauch vorhanden, so eignen sich auch Streifen vom Wildschweinnacken oder andere fette Teilstücke.

1. In einem großen Topf ca. 3 l Wasser aufkochen. Die Gewürze dazugeben, alles salzen, reichlich zuckern und bei mittlerer Hitze weiter kochen lassen. Der Sud muss etwas zu salzig und deutlich zu süß schmecken.

2. Den Schweinebauch mit Küchenpapier trocken tupfen, in 1 cm dünne Streifen schneiden und der Länge nach auf die Holzspieße weben. Dann in den Gewürzsud geben und gut 45 Min. kochen lassen.

3. In der Zwischenzeit Ingwer und Knoblauch schälen. Beides sehr fein hacken und mit der Hoisin-Sauce und dem Sesamöl in einer kleinen Schale gut verrühren.

4. Das Öl in einer hohen Pfanne erhitzen (es darf nicht rauchen!). Die Kartoffelstärke auf einem flachen Teller ausstreuen. Nach Ende der Garzeit die Schweinebauch-Spieße abgießen, mit Küchenpapier gut trocken tupfen und gründlich in der Stärke wenden.

5. Die Spieße im heißen Öl hellbraun frittieren, dann aus der Pfanne nehmen, auf Küchenpapier abtropfen lassen und sofort heiß und knusprig mit der Ingwer-Hoisin-Sauce genießen.

Gut zu wissen
Hoisin-Sauce ist eine dunkle, dickflüssige Sauce aus der südchinesischen Kanton-Küche. In Vietnam ist sie ebenfalls sehr beliebt. Traditionell wird die süß-salzige Sauce zu Gerichten mit Schwein und Ente serviert.

Wildschweinburger grün-weiß

mit Avocado-Mayonnaise und Meerrettich-Senf-Sauce

4
Personen

40
Minuten Zubereitung

Zutaten

- → 700 g durchwachsenes Wildschweinfleisch (aus Nacken oder Schulter)
- → 300 g fetten Wildschweinbauch
- → 4 Burgerbrötchen (Buns)
- → 250 g Mayonnaise
- → 100 g Ketchup
- → 80 g süßer Senf
- → 60 g Sahnemeerrettich (scharf)
- → 2 EL Weinessig
- → 1 TL getr. Thymian
- → ½ TL gemahlener Kümmel
- → Zucker
- → schwarzer Pfeffer (frisch gemahlen)
- → 6 EL Zitronensaft
- → Salz
- → ½ grüne Bird Eye Chili
- → 1 reife Avocado
- → 1 Römersalatherz
- → 2 Tomaten
- → 1 Gemüsezwiebel
- → 16 Scheiben Frühstücksspeck
- → Fleur de Sel
- → 4 Scheiben Bergkäse

Genuss-Tipp
Am besten schmeckt dieser Burger frisch vom Grill. Dazu nach dem Wenden der Pattys die Brötchenhälften auf den Grill legen und von beiden Seiten goldgelb grillen. Achtung, die Brötchen werden schnell zu dunkel!

1. Das noch leicht gefrorene oder kühlschrankkalte Wildschweinfleisch mit dem Schweinebauch durch den Fleischwolf (5 mm) drehen, etwas durchkneten und aus der Masse 8 Burger-Pattys à 120 g formen. Diese sollten etwa 2 cm dick sein und mindestens denselben Durchmesser wie die Buns haben. Auf ein flaches Blech legen und 10 Min. in das Tiefkühlfach geben.

2. 150 g Mayonnaise, Ketchup, Senf, Sahnemeerrettich, Weinessig, Thymian, Kümmel, 1 TL Zucker und 1 Prise Pfeffer in eine Schüssel geben und so lange verrühren, bis sich der Zucker aufgelöst hat. Die Sauce mit Salz und 3 EL Zitronensaft abschmecken, kühl stellen.

3. Die Chili vom Stielansatz befreien, waschen und samt Kernen fein hacken. Die Avocado halbieren, entkernen, das Fruchtfleisch mit einem Löffel aus der Schale heben und in grobe Stücke schneiden. Mit der Chili, übriger Mayonnaise (100 g), ¼ TL Salz, ½ TL Zucker und 3 EL Zitronensaft cremig pürieren, kühl stellen.

4. Den Salat in einzelne Blätter teilen, waschen und trocken schleudern. Die Tomaten waschen, vom Stielansatz befreien und in dünne Scheiben schneiden. Die Zwiebel schälen und in dünne Ringe schneiden.

5. Eine Grillpfanne erhitzen. Den Speck darin bei großer Hitze knusprig auslassen, dann herausnehmen und auf Küchenpapier abtropfen lassen.

6. Die Burger-Pattys in der heißen Pfanne von einer Seite ca. 3 Min. braten. Dann wenden, mit Pfeffer und reichlich Fleur de Sel würzen. Je eine Scheibe Käse darauflegen und abgedeckt weitere 3 Min. braten.

7. Eine zweite große Pfanne erhitzen und darin die Brötchenhälften ohne Zugabe von Fett bei mittlerer Hitze beidseitig leicht knusprig anbraten. Die unteren Hälften mit Salat, Tomaten, Zwiebeln, Bacon und je zwei Pattys belegen und mit der Mayo und der Senf-Sauce toppen. Die obere Brötchenhälfte als Deckel auflegen.

Steaks vom Wildschweinnacken

mit delikater Rauchnote

4
Personen

25
Minuten Zubereitung

30
Minuten Marinieren

Zutaten

- → 2 reife Bio-Orangen
- → 3 EL Sojasauce
- → 2 EL Aceto balsamico
- → 75 ml Worcester-Sauce
- → 2 TL Liquid Smoke (aus dem Online-Shop)
- → 1 EL Tomatenmark
- → ½ EL geräuchertes edelsüßes Paprikapulver
- → 2 TL geräuchertes scharfes Paprikapulver
- → 100 g brauner Zucker
- → 1 TL schwarzer Pfeffer (grob zerstoßen)
- → Salz
- → 8 Steaks aus dem Wildschweinnacken (à 800 g)
- → 50 ml Öl

Genuss-Tipp
Sind ein Grill und die Zeit vorhanden, dann die Nackensteaks unbedingt auf dem heißen Grill zubereiten.

1. Eine Orange heiß waschen und im Kühlschrank kurz abkühlen lassen. Danach die Schale fein abreiben und von beiden Orangen den Saft auspressen.
2. Sojasauce, Essig, Worcester-Sauce und Liquid Smoke in eine Schüssel geben. Das Tomatenmark und sämtliche Gewürzzutaten hinzufügen und alles so lange verrühren, bis sich der Zucker komplett aufgelöst hat. Die Marinade mit Salz abschmecken.
3. Die Steaks mit Küchenpapier trocken tupfen, dann in die Marinade geben und gut darin wenden. Abgedeckt im Kühlschrank mindestens 30 Min. marinieren.
4. Anschließend das Öl in einer großen Pfanne erhitzen und die Steaks darin von jeder Seite bei mittlerer Hitze ca. 3 Min. anbraten. Dabei darauf achten, dass der Zucker in der Sauce nicht schwarz wird. Danach die Pfanne vom Herd nehmen und die Steaks ca. 5 Min. ruhen lassen. Zwischendurch einmal wenden.
5. Für ein besonders intensives Aroma die fertigen Steaks noch einmal kurz durch die Marinade ziehen. Auf Tellern anrichten und heiß servieren.

Wiener Wildschweinschnitzel

klappt mit verschiedenen Fleischstücken

4
Personen

20
Minuten Zubereitung

Zutaten
- → 4 Schnitzel (à 200 g)
- → 4 Eier
- → 150 g Mehl
- → 350 g Semmelbrösel
- → 1 Bio-Zitrone
- → 500 g Butterschmalz
- → Salz
- → schwarzer Pfeffer (frisch gemahlen)

Küchen-Tipp
Für 350 g selbst gemachte Semmelbrösel ca. 7 trockene Brötchen auf der Haushaltsreibe oder in der Küchenmaschine fein reiben. Sofern die Brösel sofort verwendet und nicht aufbewahrt werden, entfällt der langwierige Trocknungsprozess. Macht man die Brösel aus getrocknetem Nussbrot, so geben diese beim Ausbacken der Schnitzel im Butterschmalz ein herrlich nussiges Aroma.

Praxis-Tipp
Wenn Sie die Schnitzel vor dem Mehlieren mit kaltem Wasser benetzen, wirft die Panade später in der Pfanne diese unwiderstehlichen großen Blasen.

1. Das Fleisch mit Küchenpapier trocken tupfen und mit einem Plattiereisen flach klopfen.

2. Inzwischen in einem tiefen Teller die Eier mit einer Gabel schaumig schlagen. Mehl und Semmelbrösel jeweils auf einem flachen Teller ausstreuen. Die Zitrone heiß waschen und im Kühlschrank kurz abkühlen lassen. Anschließend in Viertel schneiden.

3. Das Butterschmalz in einer großen Pfanne erhitzen. Dabei dringend darauf achten, dass das Fett nicht zu heiß wird und zu rauchen anfängt.

4. Die Schnitzel salzen, pfeffern und nacheinander im Mehl wenden, überschüssiges Mehl abklopfen. Die Fleischstücke durch die verquirlten Eier ziehen und anschließend in den Semmelbröseln wenden.

5. Die panierten Schnitzel im heißen Butterschmalz bei größter Hitze möglichst kurz von beiden Seiten braten, bis sie dunkel-goldgelb sind.

6. Die Schnitzel aus der Pfanne nehmen, mit den Zitronenvierteln anrichten und sofort genießen.

Jägerlatein
Wer sich ein wenig näher mit seinem Wildbret befasst, der zerwirkt auch schon mal eine Keule in ihre fünf Hauptmuskeln und friert diese separat ein. Ob Nuss, Oberschale, Unterschale, Semmerrolle oder Hüfte - sie alle eignen sich mehr oder weniger für spezielle Zubereitungsmethoden. Eines haben sie aber gemeinsam: Quer zur Muskelfaser geschnittene, ca. 1,5 cm dicke Scheiben, die anschließend mit dem Plattiereisen auf 5-7 mm Dicke geklopft werden, ergeben beste Wiener Schnitzel!

Die soziale Struktur der Rottenverbände bei Schwarzwild unterliegt einer genau festgelegten Hierarchie. Keiler hingegen sind das ganze Jahr über meist Einzelgänger. Nur zur Rauschzeit gesellen sich die Bassen zu den Rotten.

»Die stark wachsende Population von Schwarzwild und die damit verbundenen Wildschäden in den Griff zu bekommen, verlangt uns Jägern einiges ab.«

Wie bei unseren Hausschweinen ist auch die Bindung zwischen Bachen und ihren Frischlingen sehr intensiv. Würfe von acht Stück und mehr sind in guten Mastjahren durchaus keine Seltenheit.

Pikante Wildschweinpfanne mit Minzjoghurt

schmeckt nach Urlaub in Griechenland

4
Personen

50
Minuten Zubereitung

Zutaten
- → 2 TL getr. Oregano
- → 2 TL getr. Thymian
- → 2 TL getr. Majoran
- → 3 TL edelsüßes Paprikapulver
- → 1 TL schwarzer Pfeffer (frisch gemahlen)
- → 1 TL Chiliflocken
- → 1 TL Kreuzkümmel
- → 1000 g Wildschweinfleisch aus der Keule (mit etwas Fett)
- → 3 weiße Zwiebeln
- → 4 Knoblauchzehen
- → ½ Bund Petersilie
- → ½ Bund Minze
- → 1 Bio-Zitrone
- → 400 g griech. Joghurt (10 % Fett)
- → Salz
- → 140 ml Olivenöl
- → brauner Zucker

1. Oregano, Thymian, Majoran, Paprikapulver, Pfeffer, Chiliflocken und Kreuzkümmel in eine große Schüssel geben und gut miteinander vermischen.

2. Das Fleisch mit Küchenpapier trocken tupfen und in ca. 1,5 cm dicke Sticks schneiden. Diese zu der Würzmischung geben und gründlich damit vermischen.

3. Die Zwiebeln schälen, halbieren und in dünne Scheiben schneiden. Knoblauch schälen und sehr fein hacken. Die Kräuter abbrausen und trocken schütteln, die Blätter abzupfen und fein schneiden.

4. Die Zitrone heiß abwaschen und kurz im Kühlschrank abkühlen lassen. Dann halbieren, den Saft auspressen und von einer Hälfte die Schale abreiben.

5. Das Joghurt in eine Schüssel geben und etwas salzen. Zitronensaft, -abrieb, Minze und 4 EL vom Öl hinzufügen und verrühren, bis sich das Salz aufgelöst hat.

6. In einer großen Pfanne das übrige Olivenöl (100 ml) erhitzen. Zwei der drei Zwiebeln darin bei mittlerer Hitze anbraten und mit 3 TL braunem Zucker sowie 1 gestrichenen TL Salz goldbraun karamellisieren.

7. Das Fleisch zugeben und bei mäßiger Hitze von allen Seiten anbraten, bis eine schöne Bräune erreicht ist. Dabei darauf achten, dass die Gewürze zwar ihren Geschmack an das Öl abgeben, aber nicht verbrennen.

8. Den Knoblauch und die klein geschnittene Petersilie zum Fleisch geben, alles nochmals verrühren, mit Salz abschmecken und vom Herd nehmen. Zum Servieren das Fleisch mit etwas Minzjoghurt auf Tellern anrichten und mit der dritten weißen Zwiebel bestreuen.

Das schmeckt dazu
Dazu esse ich am liebsten einen griechischen Salat oder einfach nur geschnittene Tomaten, Gurken, schwarze Oliven und Peperoni, gerne auch ein wenig Schafskäse.

Wildschweinleber mit Apfel und Zwiebeln

immer wieder ein Renner

4
Personen

30
Minuten Zubereitung

Zutaten
- → 4 Zwiebeln
- → 2 säuerliche Äpfel (z. B. Boskop)
- → 800 g Wildschweinleber
- → 60 g Butter
- → Zucker
- → Salz
- → 1½ EL getr. Majoran
- → schwarzer Pfeffer (frisch gemahlen)

Genuss-Tipp
Kurz bevor alles fertig ist, lösche ich die Leber sehr gerne mit ca. 60 ml Aceto balsamico ab. Die leicht süß-säuerliche, aber herbe Note passt ganz hervorragend zu der Leber von Schwarzwild!

1. Die Zwiebeln schälen und in dünne Ringe schneiden. Äpfel schälen, entkernen, fein würfeln. Die Leber häuten und in maximal 1 cm dicke Scheiben schneiden.

2. Butter in einer Pfanne erhitzen. Zwiebeln darin bei mittlerer Hitze andünsten, mit 3 TL Zucker und 1 gestrichenen TL Salz goldbraun karamellisieren.

3. Die Äpfel zu den Zwiebeln in die Pfanne geben und weitere 5 Min. unter Rühren anbraten. Danach den Majoran untermischen. Den Pfanneninhalt in eine Schüssel geben und beiseitestellen.

4. Die Leber im heißen Bratfett bei größter Hitze so kurz wie möglich anbraten. Liegen die Leberscheiben nebeneinander in der Pfanne, so braucht jede Seite nur ca. 30 Sek. zum Anbraten. So bleibt die Leber supersaftig und nimmt keine mehlige Konsistenz an.

6. Die Scheiben leicht salzen und pfeffern. Die Apfel-Zwiebel-Mischung zur Leber in die Pfanne geben, alles kurz wenden und dann heiß servieren.

Dazu schmeckt
Ein geröstetes Stück Brot ist mir hierzu am liebsten.

Gut zu wissen
Wer den kräftigen Lebergeschmack abmildern möchte, wässert die Scheiben für ca. 20–30 Min. unter fließend kaltem Wasser. Dazu die Scheiben in eine Schüssel mit Wasser legen, in dünnem Strahl kaltes Wasser zulaufen und den Überstand aus der Schüssel in den Ausguss des Spülbeckens abtropfen lassen. Danach die Leber mit Küchenpapier abtupfen und wie beschrieben fortfahren.

Wildschweingeschnetzeltes mit frischen Steinpilzen

Schlemmen leicht gemacht

4
Personen

50
Minuten Zubereitung

Zutaten

→ 800 g Fleisch aus der Schulter oder Keule (küchenfertig pariert)

→ 200 g Steinpilze

→ 3 Schalotten

→ 2 Knoblauchzehen

→ ½ Bund Thymian

→ 50 g Butter

→ Salz

→ schwarzer Pfeffer (frisch gemahlen)

→ Zucker

→ 150 ml Wildfond

→ 150 g Crème fraîche

→ 50 ml Weißwein

→ 1½ Bund Petersilie

→ ½ Bund Schnittlauch

1. Das Wildschweinfleisch mit Küchenpapier trocken tupfen, dann zunächst in ca. 5 mm dünne Scheiben und diese in ca. 1 cm breite Streifen schneiden.

2. Die Steinpilze putzen, bei Bedarf mit einem Tuch abreiben und in 5 mm dünne Längsscheiben schneiden. Die Schalotten schälen, fein würfeln. Den Knoblauch schälen und sehr fein hacken. Den Thymian abbrausen und trocken schütteln, die Blätter abzupfen.

3. In einer großen Pfanne die Butter erhitzen. Das Fleisch salzen, pfeffern und im heißen Fett bei großer Hitze kurz und kräftig anbraten. Dann aus der Pfanne nehmen, in einen Teller geben und beiseitestellen.

4. Die Schalotten im heißen Bratfett bei mittlerer Hitze andünsten und mit 1 TL Zucker und ½ TL Salz goldbraun karamellisieren. Die Steinpilze dazugeben und unter Rühren hellbraun anbraten.

5. Zwiebeln und Pilze mit dem Fond ablöschen und alles bei großer Hitze ca. 3 Min. offen köcheln lassen. Crème fraîche, Knoblauch und Weißwein dazugeben, unterrühren und so lange einkochen lassen, bis eine cremige Sauce entstanden ist.

6. Inzwischen die Kräuter abbrausen und trockenschütteln. Von der Petersilie die Blätter abzupfen und klein hacken, den Schnittlauch in feine Röllchen schneiden.

7. Zum Schluss das Fleisch samt ausgetretenem Fleischsaft in die Pfanne geben. Das Geschnetzelte einmal sehr kurz aufkochen, mit Salz und Pfeffer abschmecken und auf Tellern anrichten. Mit Schnittlauch und Petersilie dekorieren und sofort servieren.

Wildschweineintopf in brauner Sauce

macht müde Geschmacksknospen ruck, zuck munter

6
Personen

35
Minuten Zubereitung

100
Minuten Schmoren

Zutaten

- → 1 kg Wildschweinnacken (küchenfertig pariert)
- → 200 g geräucherter Speck (vorzugsweise vom Wildschwein)
- → 1 Bund Frühlingszwiebeln
- → 2 gelbe Zwiebeln
- → 6 Knoblauchzehen
- → 80 g Butter
- → Salz
- → schwarzer Pfeffer (frisch gemahlen)
- → Zucker
- → 2 getrocknete Bird-Eye-Chilis (nach Belieben bis zu 6 Stück)
- → 2 l Wildfond
- → 2 grüne Paprika
- → 6 geräucherte Wildwürste
- → 600 g Reis
- → ½ Bund glatte Petersilie
- → 1 EL geräuchertes edelsüßes Paprikapulver
- → 1 EL Pilzpulver
- → 2 doppelte Espressi

Tuning-Tipp
Unbedingt probieren: Die Sauce mit 1 EL Schmand, saurer Sahne oder Crème fraîche toppen!

1. Das Fleisch mit Küchenpapier trocken tupfen und in mundgerechte Würfel schneiden. Speck fein würfeln. Die Frühlingszwiebeln putzen und waschen, dann das Weiße und Grüne getrennt in dünne Ringe schneiden. Die Zwiebeln schälen, halbieren und in dünne Streifen schneiden. Den Knoblauch schälen, sehr fein hacken.

2. In einem großen Schmortopf die Butter erhitzen. Die Fleischwürfel salzen, pfeffern und im heißen Fett bei großer Hitze von allen Seiten braun anbraten. Aus dem Topf nehmen und beiseitestellen. Die Zwiebeln, das Weiße von den Frühlingszwiebeln und den Speck im heißen Bratfett andünsten und mit 3 TL Zucker und ½ TL Salz goldbraun karamellisieren.

3. Das Fleisch zurück in den Topf geben. Die Chilis grob hacken und mit dem Knoblauch hinzufügen. Den Wildfond angießen. Die Würfel sollten von Flüssigkeit bedeckt sein, ggf. mit Wasser aufgießen. Das Fleisch bedeckt in ca. 1½ Std. bei kleiner Hitze weich garen.

4. In der Zwischenzeit Paprika halbieren, Stielansatz, weiße Trennwände und Kerne entfernen. Die Hälften waschen und längs in dünne Streifen schneiden. Diese mit den Wildwürsten zum Fleisch in den Topf geben und alles offen weitere 10 Min. köcheln lassen.

5. Den Reis in kochendem Salzwasser nach Packungsanweisung weich garen. Die Petersilie abbrausen, trocken schütteln, die Blätter abzupfen und fein hacken.

6. Am Ende der Schmorzeit das Paprika- und Pilzpulver sowie die Espressi zum Eintopf geben und gut unterrühren. Dann alles nochmals aufkochen lassen und mit Salz und Zucker abschmecken. Den fertig gegarten Reis in ein Sieb abgießen und abtropfen lassen.

7. Zum Servieren den Eintopf auf Tellern verteilen und mit dem Frühlingszwiebelgrün bestreuen. Den Reis daneben anrichten und mit gehackter Petersilie garnieren. Die »rauchige Wuidsau« heiß servieren.

Wildschweinschmortopf

mediterrane Küche von ihrer feinsten Seite

8
Personen

40
Minuten Zubereitung

120
Minuten Schmoren

Zutaten

- → 1½ EL Fenchelsamen
- → 1 TL Korianderkörner
- → 1 TL schwarze Pfefferkörner
- → ½ TL weiße Pfefferkörner
- → 1,6 kg Wildschweinfleisch (vorzugsweise durchwachsen)
- → 1 Glas Sardellen
- → 1 TL grobes Meersalz
- → 4 gelbe Zwiebeln
- → ½ Knoblauchknolle
- → 2 Knoblauchzehen
- → 1 Staudensellerie
- → 4 Strauchtomaten
- → 1 Bio-Zitrone
- → 10 frische Lorbeerblätter
- → 1 Bund Thymian
- → 80 g getrocknete Tomaten
- → 1 Glas getrocknete schwarze Oliven (entsteint)
- → 200 ml Olivenöl
- → 4 EL Honig (z. B. Akazie)
- → 750 ml trockener Weißwein
- → 1 Knolle Fenchel

1. Fenchelsamen, Koriander- und Pfefferkörner im Mörser fein zerstoßen. Das Fleisch mit Küchenpapier trocken tupfen und mit dem Würz-Mix einreiben. Dann die Sardellen zusammen mit dem Meersalz in den Mörser geben und zu einer Paste zerstoßen.

2. Zwiebeln schälen, fein würfeln. Knoblauch schälen, die Zehen gut anquetschen und zwei davon sehr fein hacken. Staudensellerie putzen, waschen und in ca. 2 cm breite Stücke schneiden. Strauchtomaten waschen, vom Stielansatz befreien und grob würfeln.

3. Die Zitrone heiß waschen und im Kühlschrank kurz abkühlen lassen. Danach die Schale abreiben und den Saft auspressen. Die Kräuter abbrausen, den Thymian trocken schütteln und mit Küchengarn zusammenbinden, die Lorbeerblätter trocken tupfen. Getrocknete Tomaten fein hacken, Oliven halbieren.

4. In einem großen Schmortopf das Olivenöl erhitzen. Zwiebeln, Knoblauchzehen und Selleriestücke darin andünsten und mit dem Honig karamellisieren. Lorbeerblätter und getrocknete Tomaten hinzufügen. Das Fleisch darin bei kleiner Hitze hellbraun anrösten, sodass die Gewürze nicht verbrennen.

5. Den Weißwein angießen, Tomaten, Oliven, Sardellenpaste dazugeben und mit Wasser auffüllen, bis alles knapp bedeckt ist. Das Fleisch abgedeckt in 1-2 Std. (je nach Fleischart) bei kleiner Hitze weich garen.

6. Inzwischen den Fenchel putzen, waschen, der Länge nach halbieren und in 1 cm breite Streifen schneiden. Diese am Ende der Schmorzeit mit dem Thymian zum Fleisch geben und offen weitere 15 Min. köcheln.

7. Dann den gepressten Knoblauch sowie den Zitronenabrieb und -saft dazugeben, gut umrühren und gegebenenfalls noch etwas einkochen lassen.

8. Vor dem Servieren Thymian und Lorbeer entnehmen. Den Eintopf nochmals mit Honig und Salz abschmecken, in Schüsseln verteilen und heiß genießen.

Gut zu wissen
Bei diesem Gericht habe ich meinen südländischen Erinnerungen freien Lauf gelassen. Sie können das auch tun und Fleischstücke, Gemüse und Kräuter beliebig variieren. Statt schwarzer Oliven passen auch grüne, statt getrockneter Tomaten Kapern oder eben beides zusammen. Kreieren Sie Ihren individuellen One Pot!

Wildschweinpastetchen

knusprig frisch aus dem Ofen

4
Personen

55
Minuten Zubereitung

30
Minuten Ruhen

15
Minuten Backen

Zutaten

- → 1 frisches Lorbeerblatt
- → 150 ml Madeira
- → 40 g getrocknete Morcheln
- → 400 g Wildschweinfleisch (vorzugsweise durchwachsen)
- → 80 g weißer Speck
- → 1 Möhre
- → ¼ Stange Lauch
- → 2 Schalotten
- → ½ Knoblauchzehe
- → 50 g Butter
- → Zucker
- → Salz
- → ½ TL gemahlene Muskatblüte
- → schwarzer Pfeffer (frisch gemahlen)
- → 2 Rollen Butterblätterteig (à 280 g; z. B. von Tante Fanny)
- → 3 Eigelbe

Genuss-Tipp
Frisch aus dem Ofen sind die kleinen Pastetentäschchen am besten. Als Snack zwischendurch oder als Vorspeise am nächsten Tag schmecken sie aber auch kalt ganz ausgezeichnet.

1. Das Lorbeerblatt abbrausen, trocken tupfen. Mit dem Madeira und den Morcheln in einen Topf geben, kurz aufkochen, dann vom Herd nehmen und ab und an umrühren. Das Wildschweinfleisch und den Speck in grobe Stücke Stücke schneiden und durch die feinste Scheibe des Fleischwolfs in eine Schüssel drehen.

2. Die Möhre schälen und sehr fein raspeln. Lauch putzen, gründlich waschen und der Länge nach einschneiden. Das helle Grün zunächst längs in feine Streifen und dann in feine Würfel schneiden. Schalotten und Knoblauch schälen, beides sehr fein würfeln.

3. Die Butter in einer Pfanne erhitzen. Die Schalotten darin andünsten und mit 1 TL Zucker und ½ TL Salz karamellisieren. Möhren, Lauch, Knoblauch und Muskatblüte unterrühren und kurz anbraten, dann alles pfeffern und die Pfanne vom Herd nehmen. Die eingeweichten Morcheln längs aufschneiden, entsanden, sehr klein hacken und unter das Gemüse rühren.

4. Pfanneninhalt zur Fleischmasse geben, den Madeira zugießen und alles entweder von Hand oder mit der Küchenmaschine gründlich durchkneten. Salzen, pfeffern und ca. 30 Min. bedeckt kühl stellen. Gleichzeitig den Blätterteig aus dem Kühlschrank nehmen und den Ofen auf 200° (Umluft) vorheizen.

5. Den Fleisch-Mix aus dem Kühlschrank nehmen und nochmals durchkneten. Die Eigelbe in einer Tasse verquirlen. Den Blätterteig auf der Arbeitsfläche ausrollen und mit einem Edelstahlring oder einem Glas (10 cm Ø) dicht an dicht Kreise ausstechen. Darauf mittig jeweils 2 TL Füllung platzieren, dann den Rand mit Eigelb bepinseln, den Teig zum Halbmond umklappen und die Ränder mit Gabelzinken festdrücken.

6. Ein Backblech mit Backpapier auslegen. Die Pastetchen darauf im vorgeheizten Ofen (Mitte) in ca. 15 Min. goldgelb backen. Danach entweder heiß genießen oder auf einem Kuchengitter abkühlen lassen.

Wildschweinrücken

schmeckt warm oder kalt

4
Personen

35
Minuten Zubereitung

75
Minuten Schmoren

10
Minuten Ruhen

Zutaten

- → ½ Bund Thymian
- → 2 Zweige Salbei
- → 2 Zweige Rosmarin
- → 6 frische Lorbeerblätter
- → 8 Knoblauchzehen
- → 2 kg Wildschweinrücken am Knochen (küchenfertig pariert)
- → Salz
- → schwarzer Pfeffer (frisch gemahlen)
- → 150 ml Olivenöl

Praxis-Tipp
Am besten verwenden Sie für diesen Braten das Fleisch eines ca. 50–70 kg schweren Überläufers, der am Rücken schon ordentlich Speck angesetzt hat. So wird der Braten zart und saftig.

1. Den Backofen auf 120° (Umluft) vorheizen, dabei einen großen Bräter samt Deckel mit aufheizen.
2. Die Kräuter abbrausen und trocken schütteln. Den Knoblauch nicht schälen, sondern mitsamt der Schale anquetschen. Den Wildschweinrücken mit Küchenpapier trocken tupfen, rundum salzen und pfeffern.
3. Den heißen Bräter aus dem Ofen nehmen. Zuerst 100 ml Öl, dann den Knoblauch sowie die Kräuter und zuletzt den Wildschweinrücken mit den Rippen nach unten hineingeben. Deckel auflegen, den Bräter in den Ofen schieben und das Fleisch ca. 75 Min. schmoren.
4. Nach Ende der Garzeit den Wildschweinrücken aus dem Bräter auf ein Küchenbrett geben, mit Alufolie bedecken und ca. 10 Min. ruhen lassen. Dann in einer Pfanne das restliche Öl (50 ml) erhitzen. Das Fleisch von den Knochen tranchieren und im heißen Öl bei sehr großer Hitze sehr kurz rundum kräftig anbraten.
5. Anschließend das Fleisch in Scheiben schneiden, auf Tellern anrichten und mit dem Bratfond beträufeln. Speckbohnen, Zuckerschoten, Fenchelgemüse oder, je nach Saison, weißen Spargel esse ich gerne dazu.

Auch sehr lecker
Kann ich nur empfehlen: Probieren Sie das Fleisch doch auch einmal als kalten Braten! Dazu den Wildschweinrücken (oder die Reste vom Braten) in dünne Scheiben aufschneiden und auf einem gutem Brot mit Butter, leicht gesalzen und gepfeffert sowie mit Meerrettich oder etwas Johannisbeermarmelade genießen.

Bayrischer Wildschweinnackenbraten

in König-Ludwig-Dunkelbier-Sauce

4
Personen

25
Minuten Zubereitung

120
Minuten Schmoren

Zutaten

- → 3 Zwiebeln
- → 2 Petersilienwurzeln
- → 2 Möhren
- → ¼ Knolle Sellerie
- → ½ Stange Lauch
- → 5 getr. Lorbeerblätter
- → 9 EL Öl
- → 5 Knoblauchzehen
- → Salz
- → 1,2 kg Wildschweinnacken (gut durchwachsen, küchenfertig pariert)
- → Zucker
- → 1 EL Kümmel
- → 2 TL Wacholderbeeren
- → 1 TL Piment
- → 2 Flaschen König Ludwig Dunkel
- → schwarzer Pfeffer (frisch gemahlen)

Genuss-Tipp
Den Braten nicht von Anfang an, sondern erst nach 1 Std. mit Bier ablöschen, da die Sauce andernfalls schnell zu bitter werden kann.

1. Den Backofen auf 200° vorheizen.

2. Zwiebeln schälen, grob würfeln. Petersilienwurzeln und Möhren schälen, in Scheiben schneiden. Sellerie putzen, fein würfeln. Lauch putzen, längs einschneiden, gut waschen und das Weiße grob schneiden.

3. In einem Bräter 6 EL Öl erhitzen. Den Knoblauch schälen, die Zehen in eine kleine Schale geben und mit ca. 1 TL Salz sowie 3 EL Öl zu einer feinen Paste zerdrücken. Das Fleisch mit Küchenpapier trocken tupfen und mit der Paste rundum gründlich einreiben.

4. Die Zwiebeln im heißen Öl bei mittlerer Hitze andünsten. Mit 1 EL Zucker und ½ TL Salz goldbraun karamellisieren. Dann das restliche Gemüse sowie den Lorbeer und den Kümmel dazugeben, kurz mitbraten und gleichfalls karamellisieren.

5. Die Wacholderbeeren und Pimentkörner in ein Gewürzsäckchen oder alternativ in einen Teefilter schnüren und in den Bräter geben, 250 ml Wasser angießen und alles aufkochen lassen.

6. Den Braten mittig auf das Gemüse in den Bräter setzen und abgedeckt im vorgeheizten Ofen schmoren. Nach ca. 1 Std. mit einer Flasche Dunkelbier übergießen und 30 Min. abgedeckt weiterschmoren, danach den Deckel entfernen, das Fleisch mit Bratfond übergießen und in 30 Min. fertig garen. Der Braten sollte dann eine Kerntemperatur von gut 70° haben.

7. Den Bräter aus dem Ofen nehmen, das Fleisch auf ein Küchenbrett geben, mit Alufolie abdecken und beiseitestellen. Den Bratfond aufkochen, die zweite Flasche Dunkelbier angießen und die Sauce unter Rühren bei mittlerer Hitze in ca. 15 Min. etwas einkochen lassen.

8. Die Sauce mit schwarzem Pfeffer, Salz und Zucker abschmecken und in eine Sauciere geben. Den Braten aufschneiden und auf einer Platte, das Gemüse in einer Schüssel anrichten. Sofort servieren.

Frischlingsrücken im Blätterteig

außen knusprig-kross, innen zartrosa

4
Personen

30
Minuten Zubereitung

25
Minuten Backen

8
Minuten Ruhen

Zutaten

- → 1 Rolle Butter-Blätterteig (à 280 g)
- → 6 EL Öl
- → 600 g Frischlingsrücken (ohne Fett, küchenfertig pariert)
- → Salz
- → schwarzer Pfeffer (frisch gemahlen)
- → 250 g Champignons (ersatzweise Egerlinge)
- → 1 gelbe Zwiebel
- → 1 kleine Knoblauchzehe
- → 80 g geräucherter Speck (vorzugsweise vom Wildschwein)
- → 50 g Butter
- → Zucker
- → 1 EL getr. Kräuter der Provence
- → ½ TL gemahlene Wacholderbeeren
- → 2 EL Crème fraîche
- → 2 EL Crème double
- → 1 Ei

Tausch-Tipp
Dieses Gericht gelingt auch ganz hervorragend mit dem Rückenstück von Reh, Gams oder Mufflon.

1. Den Backofen auf 175° (Umluft) vorheizen. Den Blätterteig aus dem Kühlschrank nehmen.

2. Das Öl in einer Pfanne erhitzen. Das Fleisch mit Küchenpapier trocken tupfen, salzen und pfeffern, dann im heißen Öl bei mittlerer Hitze rundum scharf anbraten. Herausnehmen und beiseitestellen.

3. Die Champignons putzen, bei Bedarf mit einem Tuch abreiben und sehr fein hacken. Zwiebel und Knoblauch schälen und beides separat ebenfalls sehr fein hacken. Den Speck in sehr feine Würfel schneiden.

4. In derselben Pfanne die Butter erhitzen, die Zwiebelwürfel darin bei mittlerer Hitze andünsten und mit 2 TL Zucker und 1 Prise Salz goldgelb karamellisieren. Champignons, Knoblauch und Speck dazugeben und kurz mitbraten, dann alles pfeffern, mit Kräutern der Provence und Wacholder würzen und erkalten lassen.

5. Den erkalteten Pfanneninhalt mit Crème fraîche und Crème double zu einer Paste verrühren. Bei Bedarf mit Salz und Pfeffer abschmecken. Das Ei trennen.

6. Ein Backblech mit Backpapier auslegen. Den Blätterteig darauf ausrollen und mittig mit etwas von der Pilz-Paste bestreichen. Das Rückenfilet darauflegen und mit dem Rest der Paste bestreichen.

7. Nun den Blätterteig von einer Seite her über das Fleisch schlagen, mit Eiweiß bestreichen und die zweite Seite darüberschlagen. Die offenen Seitenränder gleichfalls mit Eiweiß einpinseln, umfalten und verschließen. Die Oberseite mit verquirltem Eigelb bestreichen, dabei gerne auch ein Muster »aufmalen.«

8. Den Frischlingsrücken ca. 20 Min. im heißen Ofen rosa garen, herausnehmen und ca. 8 Min. ruhen lassen. Anschließend aufschneiden und sofort servieren.

Weitere Wildarten

Die meisten in Deutschland jagdbaren Wildarten sind wertvolle Fleischlieferanten mit schmackhaftem Wildbret. Jede Art hat ihr ganz eigenes Aroma und Eigenschaften.

Wildkaninchen kommen in Gebieten mit günstigen Bedingungen äußert zahlreich vor und vermehren sich das ganze Jahr über. Bejagt werden dürfen und müssen sie daher zumeist ganzjährig. Die knapp 89000 Stück erlegten Kaninchen sprechen für einen gesicherten Bestand in Deutschland. Durch die Zerstörung von Lebensräumen und die Kaninchenpest (Myxomatose) nehmen die Bestände in manchen Gegenden dennoch ab. Kaninchen sind im Gegensatz zum Feldhasen Kulturfolger und mittlerweile auch in vielen Städten heimisch.

Der kulinarisch beliebte **Feldhase** hat es da deutlich schwerer, denn als Kulturflüchter ist sein Lebensraum durch Monokulturen, Dünge- und Spritzmittel stark gefährdet. Dennoch erholt sich sein Bestand langsam wieder, was die Jahresstrecke von 231000 erlegten Stück bestätigt - gegenüber dem Vorjahr ein Plus von gut 20 Prozent. Billigimporte aus Argentinien sind in vielen Supermärkten mittlerweile gängig, von diesem qualitativ minderwertigen Fleisch rate ich aber dringend ab.

Fasan, **Rebhuhn**, aber auch **Wildente** und **Wildgans** sind feine Alternativen zu Zuchtgeflügel. Ihr dunkleres, aromatisches Fleisch ist etwas fester, was aber absolut kein Nachteil ist. Leider sind die Fasanen- und Rebhuhnbestände aufgrund der Zerstörung der Lebensräume generell rückläufig. Eine verantwortungsvolle Jagd auf gewisse Niederwildarten ist deshalb sehr wichtig, ebenso wie die Hege und Pflege von deren Lebensräumen, das Anlegen von Ackerrandstreifen, Hecken und Remisen, die Schaffung von Wildäckern und Huderplätzen sowie die Vermeidung von Spritzmitteln und das jagdliche Eingreifen zur Regulation von Raubwild und Raubzeug. Es konnte beispielsweise festgestellt werden, dass eine verstärkte Bejagung von Füchsen zur Erhöhung der Fasan- und anderer Niederwildbestände führt.

Stockenten sind die anpassungsfähigste aller Wildentenarten und entsprechend zahlreich anzutreffen. Auch sie sind Kulturfolger. Trotzdem bekommen sie durch invasive Arten wie beispielsweise Nilgänse aggressive Konkurrenz an Wasserstellen und Futterplätzen. Nilgänse unterliegen zwar nicht dem Jagdrecht, aufgrund ihres stellenweise zahlreichen Auftretens wurde in manchen Bundesländern aber eine Jagdzeit festgelegt.

Der aus Mittel- und Südamerika stammende **Nutria** zählt zu den Neozoen und erfreut sich zumindest kulinarisch einer zunehmenden Beliebtheit. In unserer heimischen Landschaft verursacht er jedoch immer größere Schäden, weswegen die stetig wachsende Population dieser invasiven Art stark bejagt werden muss. Weil das Fleisch aber unheimlich lecker ist, finden Sie in diesem Kapitel auch ein Nutriarezept.

Denn das ist meine Überzeugung: Zu einer verantwortungsvollen Jagd, die Hege, Pflege und kluge Bestandsregulation im Blick hat, gehört auch, die entnommenen Tiere nach Möglichkeit zu verzehren. Sie einfach wegzuwerfen, ist meiner Meinung nach ein Frevel am Geschöpf. Heutzutage müssen wir nicht mehr jagen, um unsere Ernährung zu sichern. In unserer Zeit müssen Wildtiere vielmehr bejagt werden, um die Bestände zu kontrollieren und ein Gleichgewicht zu erhalten zwischen den verschiedenen Wildtierarten und auch den Belangen der Land- und Forstwirtschaft. Aber das hat nichts mit »Lust am Töten« zu tun, sondern entspricht der Freude an der Vielfalt der Natur und der Wertschätzung der Wildtiere als Lebewesen und Lebensmittel.

Gebeizte Stockentenbrust

Einfach rohköstlich!

4
Personen

20
Minuten Zubereitung

5
Tage Beizen

12
Stunden Nachbrennen

24
Stunden Nachreifen

Zutaten

- → 2 g schwarze Pfefferkörner
- → 40 g Nitrit-Pökelsalz (ersatzweise normales Kochsalz)
- → 28 g brauner Rohrohrzucker
- → 4 Stockentenbrustfilets mit Haut (à ca. 100 g, küchenfertig)

Genuss-Tipp
Diese Köstlichkeit esse ich am liebsten mit der Haut dünn aufgeschnitten auf einem guten Brot mit Butter.

Praxis-Tipp
Sie können das Rezept mit jeder x-beliebigen Anzahl an Entenbrüsten zubereiten. Berechnen Sie dann einfach pro Entenbrust 10 g Nitrit-Pökelsalz, 7 g Rohrohrzucker und 0,5 g Pfefferkörner für die Würzmischung.

1. Die Pfefferkörner im Mörser grob zerstoßen. Salz, Zucker und Pfeffer in einer Schüssel vermischen. Die Brustfilets mit Küchenpapier trocken tupfen und sorgfältig in der Beize wenden, sodass jedes Filet rundum mit der Würzmischung bedeckt ist.

2. Die Entenbrustfilets mit der Hautseite nach oben nebeneinander in einen Vakuumbeutel geben, die restliche Würzmischung aus der Schüssel gleichmäßig auf dem Fleisch verteilen und alles vakuumieren. Den Beutel flach in den Kühlschrank legen, die Hautseite der Brustfilets weist nach oben. Optimalerweise hat der Kühlschrank eine Temperatur von ca. 3°.

3. Ab nun vier bis fünf Tage lang nach jeweils 24 Std. den Beutel wenden, sodass die Hautseite der Entenbrustfilets wechselweise oben und unten liegt.

4. Danach das gebeizte Fleisch aus dem Beutel nehmen, gut unter kaltem Wasser abwaschen, mit Küchenpapier trocken tupfen und ca. 12 Std. auf einem Rost zum »Nachbrennen« in den Kühlschrank legen. Vor dem Verzehr an einem trockenen Ort mit ca. 10–12° für mindestens 24 Std. nachreifen lassen.

Gut zu wissen
Wer über eine Möglichkeit zum Räuchern verfügt und seinen Stockentenbrüsten nach dem Beizen noch eine zarte Rauchnote verleihen möchte, der lässt diese nach dem Nachreifen etwas antrocknen, bis kein Küchenpapier mehr daran klebenbleibt. Dann ein Küchengarn durch jeweils ein Ende der Entenbrüste stechen, dieses zur Schlaufe binden und das Fleisch je nach gewünschter Intensität des Raucharomas 4–12 Std. in den kalten Rauch von Kirschbaum- oder Buchenspänen hängen.

Wildgeflügelsalat mit Erbsen

köstliche Art der Resteverwertung

4
Personen

20
Minuten Zubereitung

Zutaten

- → 300 g TK-Erbsen
- → ½ Zitrone
- → 300 g Mayonnaise
- → 1 TL scharfer Dijon-Senf
- → 3 EL Apfelessig
- → 1 Msp. Cayennepfeffer
- → 1 TL Zucker
- → Salz
- → weißer Pfeffer (frisch gemahlen)
- → 600 g gegartes Fleisch vom Wildgeflügel (> Info »Beste Reste«)
- → 1 Frühlingszwiebel

Das schmeckt dazu
Ich esse zu diesem feinen Salat gerne geröstete Baguettescheiben oder knusprigen Toast.

1. Die TK-Erbsen in kochendem Zuckerwasser ca. 5 Min. garen, dann in ein Sieb abgießen, kalt abschrecken und abtropfen lassen. Saft der Zitrone auspressen.

2. In einer Schale Mayonnaise, Senf, Essig, Zitronensaft, Cayennepfeffer, Zucker und 1 Prise Salz verrühren, bis sich Salz und Zucker komplett aufgelöst haben. Das Dressing mit weißem Pfeffer abschmecken.

3. Das Wildgeflügelfleisch in mundgerechte Stücke zupfen und mit den abgetropften Erbsen in eine große Schüssel geben. Das Dressing darübergeben, alles gut vermischen und abgedeckt ca. 30 Min. im Kühlschrank ziehen lassen. Bei Bedarf nochmals mit Essig, Salz und Zucker abschmecken.

4. Vor dem Servieren die Frühlingszwiebel putzen, waschen und mitsamt dem feinen Grün in dünne Ringe schneiden. Den Salat auf vier Tellern verteilen, mit den Frühlingszwiebeln garnieren und genießen.

Beste Reste
Wer kennt das nicht: Vom abendlichen Wildgeflügelessen bleibt eine Menge übrig, man hat es mal wieder zu gut gemeint. Ganz egal, ob Reste von Wildgans, Wildente, Taube, Wachtel, Rebhuhn oder Fasan, ob gebraten, geschmort, gegrillt oder gekocht - dieser Salat schmeckt einfach immer! Vielleicht haben Sie ja auch noch tiefgekühltes Wildgeflügel, das Sie verwerten müssen? Dann kochen Sie sich damit eine kräftigende Geflügelbrühe (genauso wie eine klassische Hühnerbrühe) und verwenden anschließend das Fleisch für diesen Salat!

Wildkaninchen-Spieße

in Honig-Senf-Zitronenthymian-Marinade

4
Personen

45
Minuten Zubereitung

Zutaten
- → 2 Wildkaninchenrücken
- → 4 Wildkaninchenkeulen
- → 1 Bio-Zitrone
- → ½ Bund Zitronenthymian
- → 4 EL Dijon-Senf
- → 4 EL Joghurt
- → 5 EL Honig (z. B. Akazie)
- → Salz, schwarzer Pfeffer
- → 50 ml Olivenöl
- → 50 EL Butter
- → 8 Holzspieße

Tausch-Tipp
Die Marinade schmeckt auch ganz hervorragend zu Fasan oder zum Fleisch vom Mufflonlamm.

1. Das Fleisch parieren und mit Küchenpapier trocken tupfen. Dann vom Knochen lösen, in ca. 2×2 cm große Stücke schneiden und auf die Holzspieße verteilen.

2. Die Zitrone heiß waschen und im Kühlschrank kurz abkühlen lassen. Anschließend die Schale abreiben und den Saft auspressen. Den Thymian abbrausen und trocken schütteln, die Blätter abzupfen.

3. Senf, Joghurt und Honig mit dem Zitronenabrieb, einem Spritzer Zitronensaft sowie etwas Salz und Pfeffer in einer Schüssel verrühren, bis sich das Salz aufgelöst hat. Das Öl nach und nach unterschlagen. Zuletzt die Thymianblättchen unterrühren und die Marinade nochmals mit Salz und Pfeffer, eventuell auch mit etwas Honig und Zitronensaft abschmecken.

4. In einer großen Pfanne die Butter erhitzen. Die Fleischspieße gut in der Marinade wenden und im heißen Fett bei großer Hitze kurz rundum goldbraun braten. Aus der Pfanne nehmen und sofort genießen.

Fasanenbrust auf Blattsalaten

mit Aceto-Olivenöl-Vinaigrette

4
Personen

30
Minuten Zubereitung

Tausch-Tipp
Dieses Gericht schmeckt auch sehr gut mit den Brustfilets von Wildgans, Wildente, Wachtel oder Rebhuhn. Verwenden Sie Taubenbrustfilets, so gießen Sie statt Orangenlikör Madeira oder Portwein an.

Zutaten
- → 120 g gemischte Blattsalate
- → 3 EL Aceto balsamico
- → Salz
- → 1 TL Zucker
- → 6 EL Olivenöl
- → schwarzer Pfeffer (frisch gemahlen)
- → 1 EL Butter
- → 4 Fasanenbrüste ohne Haut (küchenfertig pariert)
- → 2 EL Orangenlikör (z. B.Grand Marnier oder Cointreau)

1. Die Salate putzen und in mundgerechte Stücke zupfen, dann gründlich waschen und trocken schleudern.

2. Den Essig mit 1 Prise Salz und 1 TL Zucker in ein Schraubglas geben, dieses verschließen und so lange schütteln, bis sich Salz und Zucker aufgelöst haben. Das Öl dazugeben und nochmals gut schütteln. Die Vinaigrette gegebenenfalls mit Salz, 1 Prise Zucker und nach Wunsch mit etwas Pfeffer abschmecken.

3. Die Butter in einer Pfanne erhitzen. Brustfilets mit Küchenpapier trocken tupfen, in fingerdicke Streifen schneiden, salzen und pfeffern. Im heißen Fett bei mittlerer Hitze ca. 2 Min. unter Wenden anbraten. Den Orangenlikör angießen, das Fleisch gut darin wenden, dann vom Herd nehmen und beiseitestellen.

4. Die Vinaigrette nochmals gut aufschütteln. Die Salate mittig auf vier Tellern anrichten und mit der Vinaigrette beträufeln. Anschließend die Fleischstreifen auf dem Salat drapieren. Sofort servieren.

Crostinis mit saurem Ringeltaubenklein

kleines, aber feines Feierabendschmankerl

4
Personen

30
Minuten Zubereitung

Zutaten

- → 1 Ciabatta
- → 4 Zweige Thymian
- → 1 Bund Kerbel
- → 1 Schalotte
- → 20 g weißer Speck
- → 12 Taubenlebern (küchenfertig)
- → 12 Taubenherzen (küchenfertig)
- → 110 ml Olivenöl
- → 3 EL Aceto balsamico
- → 2 EL Crema di Balsamico
- → Salz
- → 1 TL Zucker
- → schwarzer Pfeffer (frisch gemahlen)

Tausch-Tipp
Dieses Gericht gelingt auch sehr gut mit allen anderen Geflügelinnereien.

1. Ciabatta in 16 etwa 1,5–2 cm dicke Scheiben schneiden. Die Kräuter abbrausen und trocken schütteln. Die Thymianblättchen abzupfen, den Kerbel samt Stängeln fein hacken. Schalotte schälen, sehr fein würfeln.

2. Den Speck ebenfalls sehr fein würfeln. Die Taubenlebern in dünne Streifen schneiden, die Herzen vierteln. Den Backofengrill auf 200° vorheizen.

3. In einer Pfanne 3 EL Olivenöl erhitzen. Die Schalotte darin bei mittlerer Hitze andünsten und mit 2 TL Zucker und 1 guten Prise Salz goldgelb karamellisieren. Die Speckwürfel dazugeben und glasig auslassen.

4. Die Ciabattascheiben auf ein Blech legen, mit jeweils 1 TL Olivenöl beträufeln und im vorgeheizten Ofen (oben) in ca. 1 Min. knusprig-kross grillen.

5. Nun die Herzen und den Thymian in die Pfanne geben und bei großer Hitze ca. 30 Sek. rührbraten. Dann die Lebern hinzufügen und kurz mitbraten.

6. Pfanneninhalt mit Balsamico und Aceto crema vermischen. Mit Salz, Pfeffer und Zucker abschmecken.

7. Die Crostinis aus dem Ofen nehmen, das Taubenklein darauf verteilen und alles mit dem gehackten Kerbel garnieren. Sofort servieren.

Gut zu wissen
Soll auch der Muskelmagen der Vögel in diesem Gericht verarbeitet werden, so muss dieser vorher von Häuten befreit und in einer Brühe ca. 30–40 Min. weichgekocht werden. Darf der Magen noch etwas Biss haben, diesen nach dem Entfernen der Häute in 3 mm dicke Scheiben schneiden und sehr kurz sehr scharf anbraten. Den Kragen (Hals) und die Flügel gleichfalls ca. 30–40 Min. in der Brühe weich kochen. Magen, Hals und Flügel – sie alle sind klassische Bestandteile von Geflügelklein.

Täubchenreis mit Chorizo

Viva España!

4
Personen

55
Minuten Zubereitung

Zutaten

- → 150 g Langkornreis
- → 400 g Tomaten
- → 2 Zwiebeln
- → 4 Knoblauchzehen
- → 1 gelbe Paprika
- → 1 rote Chili
- → 6 frische Lorbeerblätter
- → ½ Bund glatte Petersilie
- → 5 EL Olivenöl
- → 16 Taubenbrustfilets mit Haut (küchenfertig)
- → Salz
- → schwarzer Pfeffer (frisch gemahlen)
- → 1 EL Zucker
- → 250 g Chorizo
- → 250 ml Wildgeflügelfond oder Wildfond
- → 4 EL schwarze, getrocknete Oliven
- → 1 TL geräuchertes Paprikapulver (ersatzweise 2 TL edelsüßes Paprikapulver)
- → 100 ml Madeira

Tuning-Tipp
Sind Herzen und Lebern der Täubchen noch vorhanden, so schmecken diese köstlich in dem Gericht, wenn man sie mit der Chorizo anbrät.

1. Den Reis in kochendem Salzwasser nach Packungsanweisung weich garen, dann in ein Sieb abgießen, kalt abschrecken und abtropfen lassen.

2. Die Tomaten in einer Schüssel mit kochendem Wasser überbrühen, nach 30 Sek. herausheben und kalt abspülen. Die Tomaten häuten, vierteln, Stielansätze und Kerne entfernen. Das Fruchtfleisch pürieren.

3. Zwiebeln und Knoblauch schälen, die Zwiebeln fein würfeln, den Knoblauch fein hacken. Die Paprika halbieren, Stielansatz, weiße Trennwände und Kerne entfernen. Die Hälften waschen und in feine Würfel schneiden. Die Chili waschen, vom Stielansatz befreien und klein schneiden. Lorbeerblätter und Petersilie abbrausen, den Lorbeer trocken tupfen, die Petersilienblätter abzupfen und fein schneiden.

4. Das Öl in einer Pfanne erhitzen. Die Brustfilets mit Küchenpapier trocken tupfen, auf der Hautseite salzen und pfeffern und diese im heißen Fett bei mittlerer Hitze ca. 5 Min. anbraten. Dann wenden und von der anderen Seite weitere 2 Min. braten. Das Fleisch aus der Pfanne nehmen und beiseitestellen.

5. Die Zwiebeln im heißen Bratfett andünsten und mit 1 EL Zucker sowie ½ TL Salz goldbraun karamellisieren. Die Chorizo in dünne Scheiben, dann in feine Streifen schneiden und kurz mitbraten. Die Lorbeerblätter hinzufügen und den Fond angießen.

6. Paprikawürfel, klein geschnittene Chili und pürierte Tomaten in die Pfanne geben und unterrühren. Alles aufkochen und bei kleiner Hitze so lange einkochen lassen, bis eine dickcremige Sauce entstanden ist.

7. Nun die Oliven, den Knoblauch und das Paprikapulver hinzufügen und mit dem Madeira unterrühren. Alles nochmals aufkochen lassen und mit Salz, Zucker und einem Schuss Olivenöl abschmecken.

8. Den abgetropften Reis in die Sauce einrühren. Die Taubenbrüstchen in dünne Scheiben schneiden, den Fleischsaft vom Teller mit in die Reispfanne geben.

9. Den Reis auf vier Tellern verteilen, die rosa Scheiben von der Täubchenbrust darauf anrichten und alles mit Petersilie dekorieren. Dazu esse ich gerne einige Scheiben jungen Manchego (span. Käse) in Olivenöl.

Pikant marinierte Wachteln

auf die feine asiatische Art

4
Personen

30
Minuten Zubereitung

30
Minuten Marinieren

Zutaten

- → 8 Wachteln (küchenfertig)
- → 1 Stück Ingwer (8 cm lang)
- → 6 große Knoblauchzehen
- → 6 Stängel Zitronengras
- → 1 rote Bird Eye Chili (nach Belieben bis zu 4 Schoten)
- → 100 ml Austernsauce
- → 200 ml Teriyaki-Sauce
- → 150 ml Hoisin-Sauce
- → 100 ml Ketjap Manis
- → 50 ml Sojasauce
- → 4 EL geröstetes Sesamöl
- → 3 EL Honig (z. B. Akazie)
- → 8 EL Öl

Aroma-Tipp
Die Marinade wird besonders aromatisch, wenn man sie schon einen Tag vorher zubereitet, da dann das Zitronengras, der Ingwer, der Knoblauch und die Chili länger ziehen können.

1. Die Wachteln mit Küchenpapier trocken tupfen, mit einer Schere am Rücken mittig von vorne bis hinten aufschneiden und mit der Innenseite nach unten auf ein Brett legen. Ein zweites Brett darüberlegen und die Wachteln mit dem Körpergewicht flach pressen.

2. Ingwer und Knoblauch schälen, beides feinstmöglich hacken. Vom Zitronengras die äußeren, harten Hüllblätter entfernen und die unteren weichen 10 cm sehr fein schneiden. Chili waschen, vom Stielansatz befreien und gleichfalls feinstmöglich hacken.

3. Die vorbereiteten Zutaten mit den Würzsaucen, dem Sesamöl und dem Honig in eine Schüssel geben und so lange verrühren, bis sich der Honig aufgelöst hat.

4. Die Wachteln gründlich in die Marinade tunken und mit der Hautseite nach unten in einem großen Bräter aufeinanderstapeln. Mit der restlichen Marinade übergießen und ca. 30 Min. marinieren lassen.

5. Das Öl in einer großen Pfanne erhitzen, die Wachteln darin mit der Hautseite nach unten ca. 8 Min. bei großer Hitze anbraten. Doch Vorsicht - durch den Honig brennt das Fleisch leicht an. Dann wenden und 5-6 Min. braten. Auf Teller geben und heiß servieren.

So schmeckt's auch
Wer die köstlichen Vögelchen lieber im Ofen zubereiten möchte, der heizt diesen auf 180° (Umluft) vor, legt ein Blech mit Backpapier aus und gibt die Wachteln mit der Hautseite nach oben darauf. Die Backzeit beträgt etwa 15-20 Min. Auf dem Grill zubereitet werden die Wachteln wiederum auf der Hautseite zuerst gegrillt.

Pasta mit Wildgans-Bolognese

wild beflügelter italienischer Klassiker

4
Personen

50
Minuten Zubereitung

Zutaten

- → 4 Strauchtomaten
- → 2 Bio-Orangen
- → 3 Schalotten
- → 1 Möhre
- → 2 Knoblauchzehen
- → 1 Stück Ingwer (2 cm lang)
- → ½ Bund Oregano
- → 1 kg Wildgansfleisch (z. B. Keule, Brust, Flügel, Hals oder gemischt)
- → 1 Wildgansleber
- → 1 Wildgansherz
- → 4 EL reines Gänse- oder Entenschmalz
- → Salz
- → schwarzer Pfeffer (frisch gemahlen)
- → 2 TL Zucker
- → 200 ml roter Portwein
- → 500 ml Wildgeflügelfond (ersatzweise Wildfond)
- → 1 EL getr. Beifuß
- → 500 g Pasta (> Tipp)

Praxis-Tipp
Ob Linguine, Fusilli, Anellini, Spaghetti, Rotini, Bavettine, Fettuccine, Ravioli, Cannelloni, Risoni, Capelli d´angelo oder Farfalle - hierzu passt italienische Pasta in allen Formen und Größen. Oder machen Sie daraus eine köstliche Wildgans-Lasagne! Dazu abwechselnd Lasagneplatten und Wildgans-Bolognese in eine Auflaufform schichten, mit geriebenem Käse bestreuen und dann bei 180° im Ofen (Mitte) in ca. 30 Min. goldbraun backen.

1. Die Tomaten in einer Schüssel mit kochendem Wasser überbrühen, nach 30 Sek. herausheben und kalt abspülen. Die Tomaten häuten, vierteln, Stielansätze und Kerne entfernen. Die Viertel fein würfeln.

2. Eine Orange heiß waschen und im Kühlschrank kurz abkühlen lassen. Dann die Schale fein abreiben. Von beiden Orangen den Saft auspressen.

3. Schalotten schälen, sehr fein würfeln. Die Möhre schälen und fein raspeln. Knoblauch und Ingwer schälen, beides sehr fein hacken. Oregano abbrausen und trocken schütteln, die Blätter abzupfen.

4. Wildgansfleisch, Herz und Leber durch den Fleischwolf (5 mm) drehen. In einer großen Pfanne das Gänseschmalz erhitzen. Die Hackmasse darin bei großer Hitze hellbraun anbraten, salzen und pfeffern, dann wieder herausnehmen und beiseitestellen.

5. In der heißen Pfanne die Schalotten bei mittlerer Hitze andünsten und mit 2 TL Zucker und ½ TL Salz goldbraun karamellisieren. Möhrenraspel, Ingwer und Knoblauch dazugeben und kurz mitbraten.

6. Portwein, Orangensaft und Wildfond angießen und den Bratensatz mit einem Löffel vom Pfannenboden lösen. Das Gänsehack samt Saft in die Sauce geben, Oregano und Beifuß hinzufügen und alles ca. 30 Min. bei kleiner Hitze köcheln lassen, bis eine sämige Sauce entstanden ist. Gelegentlich umrühren.

7. In der Zwischenzeit die Pasta in kochendem Salzwasser nach Packungsanweisung weich garen, dann abgießen, kalt abschrecken und abtropfen lassen.

8. Die fertig eingekochte Hackfleischsauce nochmals mit etwas Portwein, Salz und Pfeffer abschmecken. Mit der Pasta auf Tellern anrichten und sofort genießen.

Niederwild im Zwetschgen-Rahm-Geschnetzelten

geschmackliche Vielfalt von ihrer feinsten Seite

4
Personen

45
Minuten Zubereitung

Zutaten

- → 5 Schalotten
- → 1 Knoblauchzehe
- → 100 g weißer Speck (z. B. Lardo)
- → 4 Zweige Thymian
- → 2 Zweige Rosmarin
- → 4 Kaninchenkeulen (küchenfertig pariert)
- → 4 Fasanenbrustfilets ohne Haut (küchenfertig pariert)
- → 4 Wildentenbrustfilets mit Haut (küchenfertig pariert)
- → 8 EL Olivenöl
- → Salz
- → schwarzer Pfeffer (frisch gemahlen)
- → 4 EL Zwetschgenmus
- → 150 ml Noilly Prat
- → 500 ml Wildfond
- → 3 getr. Lorbeerblätter
- → 2 TL scharfer Senf (z. B. Dijon-Senf)
- → 300 g Sahne
- → 150 g Crème fraîche
- → 1 TL Zitronensaft

Genuss-Tipp
Auch Wildarten wie Rebhuhn, Wachtel, Schnepfe, Taube, Eichelhäher, Blässhuhn, Wildgans und Feldhase lassen sich in diesem Gericht prima zubereiten.

1. Schalotten und Knoblauch schälen und beides separat sehr fein würfeln. Den Speck gleichfalls in sehr feine Würfel schneiden. Die Kräuter abbrausen, trocken schütteln und zu einem Gewürzstrauß binden.

2. Das Wildfleisch mit Küchenpapier trocken tupfen. In einer großen Pfanne 4 EL Öl erhitzen. Die Hautseite der Entenbrustfilets salzen und im heißen Fett bei mittlerer Hitze in ca. 4 Min. knusprig anbraten.

3. Die Kaninchenkeulen entbeinen. Das Fleisch, die Fasanenbrustfilets und die angebratenen Entenbrustfilets jeweils in 5 mm dicke Scheiben schneiden. Diese in der heißen Pfanne mit etwas Salz und Pfeffer bei großer Hitze kurz anbraten, dann herausnehmen.

4. In derselben Pfanne das restliche Öl (4 EL) erhitzen. Schalotten und Speck darin bei mittlerer Hitze glasig anbraten. Das Zwetschgenmus unterrühren, dann den Noilly Prat und Wildfond angießen. Lorbeerblätter, Gewürzstrauß und Senf dazugeben, alles verrühren und bei kleiner Hitze etwas einköcheln lassen.

5. Dann das Fleisch, die Sahne und die Crème fraîche dazugeben und etwa 15 Min. mitkochen. Zuletzt den Knoblauch hinzufügen und die Sauce weitere 5 Min. bei kleiner Hitze einkochen lassen.

6. Vor dem Servieren den Gewürzstrauß aus der Sauce nehmen und das Gericht nochmals mit Salz, Pfeffer sowie dem Zitronensaft abschmecken.

Das schmeckt dazu
Zu diesem ungewöhnlichen, zart-fruchtig schmeckenden Gericht reiche ich gerne gemischten Wildreis.

Gämsen gehören zu den Boviden (Hornträger) und haben im Gegensatz zu den Cerviden (Geweihträger) eine Galle. Bei Gämsen tragen beide Geschlechter Hörner, die sogenannten Gamskrucken. Diese werden im Gegensatz zu dem Geweih von Rot- und Rehwild nicht abgeworfen.

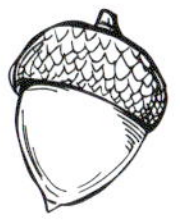

»Unsere Berge, Felder, Wälder, Heiden, Flüsse und Seen beherbergen mehr als 30 essbare Wildarten, die allein bei uns in Deutschland bejagt werden dürfen.«

Die herbstlichen und winterlichen Jagden auf Wasserwild sind eine weitere große Leidenschaft von mir. Sichere Schüsse setzen hier allerdings regelmäßiges Schießtraining voraus. Das Fleisch der Stockenten ist besonders würzig und schmackhaft.

Wildenten-Blaukraut-Ragout

Resteessen vom Feinsten

6
Personen

35
Minuten Zubereitung

20
Minuten Garen

Zutaten

- → 2 rote Zwiebeln
- → 2 Knoblauchzehen
- → 7 Zweige Thymian
- → 4 Zweige getr. Beifuß
- → 1 kg gebratenes oder gekochtes Wildentenfleisch
- → 2 Semmelknödel
- → 100 g Entenschmalz
- → Salz
- → schwarzer Pfeffer (frisch gemahlen)
- → 500 ml Entenfond
- → restliche Entenbratensauce, sofern vorhanden
- → 200 ml weißer Portwein
- → 400 g fertiges Blaukraut (ersatzweise aus dem Glas)
- → 50 g Butter

Praxis-Tipp
Zu Beginn der Blütezeit zwischen Juni und Juli sind die Bitterstoffe im Beifuß noch kaum ausgeprägt. Gerade die rechte Zeit, um Beifuß selbst zu sammeln. Diesen dann entweder frisch verwenden oder die Halme zu einem Strauß zusammenbinden und kopfüber an einem dunklen, gut durchlüfteten Ort trocknen lassen.

1. Zwiebeln und Knoblauch schälen. Die Zwiebeln fein würfeln, den Knoblauch fein hacken. Den Thymian abbrausen, trocken schütteln und mit dem Beifuß zu einem Gewürzstrauß zusammenbinden.

2. Das Entenfleisch in mundgerechte Stücke zupfen oder schneiden, die Semmelknödel würfeln.

3. In einem großen Topf das Schmalz erhitzen und darin die Zwiebeln bei mittlerer Hitze goldgelb andünsten. Mit Salz und Pfeffer würzen. Knoblauch dazugeben, Entenfond und eventuell die Bratensauce angießen.

4. Das Entenfleisch, den Portwein und das Blaukraut hinzufügen, gut unterrühren und den Topfinhalt zum Köcheln bringen. Nun den Gewürzstrauß in den Topf geben und alles ca. 10 Min. bei kleiner Hitze köcheln lassen. Danach die Kräuter wieder entfernen.

5. Währenddessen in einer Pfanne die Butter erhitzen und darin die gewürfelten Semmelknödel bei mittlerer Hitze zu knusprigen Croutons goldgelb anbraten.Das Ragout nochmals abschmecken, in tiefe Teller geben, mit den Croutons garnieren und servieren.

Gut zu wissen
Wenn Sie zerschossene oder alte Wildenten und Wildgänse verwerten wollen, dann daraus einfach wie gewohnt eine Hühnersuppe zubereiten und diese gute 2 Std. lang kochen lassen. Dann das Fleisch von den Knochen lösen, vom Schrot befreien und wie im Rezept beschrieben fortfahren. Das dazu benötigte Blaukraut gibt es in diesem Fall fertig aus dem Glas.

Hasensuppe

kocht sich fast von allein

4
Personen

35
Minuten Zubereitung

5
Stunden Garen

Zutaten

→ 1 Apfel

→ 2 gelbe Zwiebeln

→ 8 Knoblauchzehen

→ 3 reife Tomaten

→ 8 Zweige Thymian

→ ½ Bund Schnittlauch

→ 6 getrocknete Lorbeerblätter

→ 4 EL Olivenöl

→ 1 Hase (grob zerlegt, küchenfertig pariert)

→ Salz

→ 1 TL Zucker

→ schwarzer Pfeffer (frisch gemahlen)

Tuning-Tipp
Zur Suppe reiche ich gerne getoastetes Weißbrot.

1. Den Apfel waschen, vierteln, entkernen und schälen. Die Viertel in feine Würfel schneiden. Die Zwiebeln schälen, fein würfeln, den Knoblauch schälen und hacken. Die Tomaten waschen und grob würfeln, dabei jeweils den Stielansatz entfernen. Den Thymian abbrausen und trocken schütteln. Den Schnittlauch waschen und in feine Röllchen schneiden.

2. In einem Topf das Öl erhitzen. Zwiebeln, Äpfel und Knoblauch hineingeben, das Fleisch hinzufügen und mit 1 Prise Salz und 1 TL Zucker bei großer Hitze kurz anbraten, sodass es eine leichte Bräune bekommt.

3. Thymian, Lorbeerblätter und Tomaten mit in den Topf geben und diesen mit ca. 3 l Wasser auffüllen, sodass das Fleisch mit Flüssigkeit gut bedeckt ist. Dann alles aufkochen und abgedeckt ca. 5 Std. bei geringer Hitze köcheln lassen. Nach ca. 30 Min. Lorbeerblätter und Thymianzweige aus der Suppe entfernen.

4. Nach Ende der Garzeit die Suppe mit Salz und Pfeffer würzen. Das Fleisch entweder von den Knochen lösen oder mit Knochen in tiefe Teller geben und mit Brühe übergießen. Mit Schnittlauch garniert servieren.

Improvisation ist alles
Da ich eine der beiden Essensboxen für das Wochenende auf der Jagdhütte bei mir zu Hause vergessen hatte, musste bei Ankunft auf der heimischen Jagd noch ein rascher Kugelhase her. So hatten wir abends dann wenigstens ein warmes, leckeres Süppchen zum Essen, um uns nach dem kalten November-Ansitz wieder aufzuwärmen. Das ist die wahre Geschichte zu der Suppe.

Kreolischer Eintopf von der Nutria

das Fleisch der Zukunft scharf aufbereitet

4
Personen

1
Stunde Zubereitung

45
Minuten Braten

Zutaten

- → 1 Nutria (küchenfertig)
- → 100 g weißer Speck
- → 3 rote Zwiebeln
- → 5 Knoblauchzehen
- → 2 Tomaten
- → 1 rote Chili (z. B. Habanero Martinique)
- → 6 frische Lorbeerblätter
- → 6 Zweige Thymian
- → 1 Bund Koriandergrün
- → 1 reife Mango
- → 1 Limette
- → 4 EL Kokosöl (ersatzweise Pflanzenöl)
- → Salz
- → bunter Pfeffer (frisch gemahlen)
- → 1 EL Rohrohrzucker
- → 600 ml Wildfond
- → 80 ml Rum (z. B. Havanna Club oder Flor de Cana)
- → ½ EL Wildgewürz (s. S. 34)

Praxis-Tipp
Hierzu esse ich am liebsten Reis oder Süßkartoffeln. Süßkartoffeln können geschält und mundgerecht gewürfelt schon beim Schmoren mit in den Topf gegeben werden, dann sind sie mit der Nutria fertig.

1. Den Backofen auf 180° (Umluft) vorheizen. Die Nutria grob zerlegen in Keulen, Schultern, drei Teile Rücken, Hals und Rippen mit Bauchlappen. Das Fleisch mit Küchenpapier trocken tupfen. Den Speck fein würfeln.

2. Zwiebeln schälen, halbieren und in dünne Scheiben schneiden. Knoblauch gleichfalls schälen und in dünne Scheiben schneiden. Tomaten fein würfeln, dabei den Stielansatz entfernen. Chilischote waschen, vom Stielansatz befreien und in dünne Ringe schneiden.

3. Lorbeerblätter, Thymian und Koriander abbrausen und trocken schütteln. Vom Koriandergrün die Blätter abzupfen und fein schneiden. Stängel grob hacken.

4. Die Mango schälen, das Fruchtfleisch vom Stein und in dünne Streifen schneiden. Die Limette heiß waschen und kurz im Kühlschrank abkühlen lassen. Dann die Schale fein abreiben, den Saft auspressen.

5. In einem großen Schmortopf das Kokosöl erhitzen. Die Nutriastücke salzen, pfeffern und im heißen Fett bei großer Hitze ringsum kräftig goldbraun anbraten. Herausnehmen und beiseitestellen.

6. Zwiebeln und Speck im Bratfett andünsten und mit 1 EL Rohrohrzucker sowie ½ TL Salz goldbraun karamellisieren. Mango, gehackte Korianderstiele, Chili und Knoblauch unterrühren. Thymianzweige und Lorbeer hinzufügen, Wildfond und Rum angießen.

7. Das Fleisch mit dem Wildgewürz würzen und in den Topf geben, sodass es gut mit Brühe, Zwiebeln und Mango bedeckt ist. Alles aufkochen und mit halb aufgelegtem Deckel ca. 45 Min. im heißen Ofen braten.

8. Zum Servieren die Sauce mit Salz, Zucker, Limettensaft und -abrieb abschmecken. Fleisch und Sauce auf Tellern anrichten, mit Korianderblättern bestreuen.

Gamshaxerl in Preiselbeerrahm

wunderbar cremig

4
Personen

30
Minuten Zubereitung

70
Minuten Garen

Zutaten
- → 2 Möhren
- → 2 Petersilienwurzeln
- → 3 gelbe Zwiebeln
- → 1 Knoblauchzehe
- → 1 Zweig Rosmarin
- → 100 ml Sonnenblumenöl
- → 1 Scheibe geräucherter Schweinebauch (ca. 100 g)
- → 15 Wacholderbeeren
- → 1 EL Zucker
- → Salz
- → 300 ml Wildfond
- → 8 Gamshaxerl (küchenfertig, mit Silberhäuten und Sehnen)
- → 4 EL Preiselbeerkompott
- → 400 g Sahne
- → schwarzer Pfeffer (frisch gemahlen)
- → ½ EL Mehl

Tausch-Tipp
Dieses Gericht schmeckt auch köstlich mit Reh-, Mufflon- oder Hirschkalbshaxerl. Die Garzeit bleibt dabei jeweils die Gleiche.

1. Möhren und Petersilienwurzeln schälen und in Scheiben schneiden. Zwiebeln schälen und grob würfeln, den Knoblauch schälen, fein hacken. Den Rosmarin abbrausen und trocken schütteln.

2. Das Öl im Schnellkochtopf erhitzen und die Haxerl darin bei großer Hitze ringsum braun anbraten, dann wieder aus dem Topf nehmen. Speck, Möhren, Petersilienwurzeln, Zwiebeln und angedrückte Wacholderbeeren im heißen Bratfett anbräunen, mit dem Zucker und ½ TL Salz würzen und goldbraun anbraten. Den Wildfond angießen, den Bratensatz vom Boden lösen und alles kurz aufkochen lassen.

3. Die Gamshaxerl mit Küchenpapier trocken tupfen und auf das Gemüse legen. Den Deckel schließen und den Topfinhalt bei großer Hitze aufkochen, bis sich Druck aufgebaut hat, danach die Wärmezufuhr reduzieren und die Haxerl bei mittlerer Hitze etwa 70 Min. unter hohem Druck schmoren.

4. Am Ende der Garzeit nach Gebrauchsanweisung den Dampf ablassen. Ist der Topf druckfrei, den Deckel öffnen und die Haxerl mit einer Schaumkelle aus dem Sud nehmen und auf einem Teller beiseitestellen.

5. Den Sud mit dem Gemüse wieder zum Kochen bringen. Preiselbeerkompott, Rosmarin, Knoblauch und Sahne hinzufügen und unter ständigem Rühren bei mittlerer Hitze in ca. 10 Min. einkochen lassen.

6. Die Sauce mit Salz und Pfeffer abschmecken. Nach Wunsch ca. ½ EL Mehl mit 100 ml Wasser verrühren und die Sauce damit andicken. Gamshaxerl wieder in die Sauce geben, kurz erhitzen und heiß servieren.

Das schmeckt dazu
Zu dieser Köstlichkeit reiche ich Spätzle.

Mit Mufflonhack gefüllte Ofenkartoffeln

mit Frischkäse-Kräuter-Sauce

4
Personen

55
Minuten Zubereitung

Zutaten

- → 8 große Kartoffeln
- → Salz
- → 4 EL Olivenöl
- → 1 gelbe Zwiebel
- → Zucker
- → 2 Knoblauchzehen
- → 400 g Hackfleisch vom Mufflon
- → 1 TL gemahlener Kreuzkümmel
- → 1 Msp. Cayennepfeffer
- → 1 TL edelsüßes Paprikapulver
- → schwarzer Pfeffer (frisch gemahlen)
- → 100 g Pecorino (am Stück, ersatzweise Parmesan)
- → ¼ Bund Kerbel
- → ¼ Bund Brunnenkresse
- → ¼ Bund Sauerampfer
- → ¼ Bund Borretsch
- → ¼ Bund Pimpinelle
- → ¼ Bund Dill
- → ¼ Bund Schnittlauch
- → ½ Zitrone
- → 200 g Frischkäse (Doppelrahmstufe)
- → 200 g Sahne

Genuss-Tipp
Selbstverständlich können auch andere Kräuter für die Sauce verwendet werden. Wer es pikant mag, der gibt zur Hackfleischfüllung noch 1 TL Chiliflocken dazu.

1. Den Backofen auf 180° (Umluft) vorheizen. Die Kartoffeln gründlich waschen, bei Bedarf abbürsten und in kochendem Salzwasser mit Schale weich garen.

2. In einer Pfanne das Olivenöl erhitzen. Die Zwiebel schälen und klein würfeln. Im heißen Öl bei mittlerer Hitze andünsten und mit 1 TL Zucker sowie 1 Prise Salz goldbraun karamellisieren.

3. Den Knoblauch schälen, fein hacken. Das Hackfleisch in die Pfanne geben und bei großer Hitze krümelig braten. Knoblauch, Kreuzkümmel, Cayenne- und Paprikapulver sowie den Senf untermischen. Die Hackmasse salzen, pfeffern und vom Herd nehmen.

4. Die Kartoffeln abgießen und etwas ausdampfen lassen. In der Zwischenzeit ein Blech mit Backpapier auslegen und den Parmesan reiben.

5. Die Kartoffeln bis etwas über die Mitte längs aufschneiden, auf das Blech legen und mit der Hackfleischmasse füllen. Den geriebenen Käse darüberstreuen. Kartoffeln im heißen Ofen 10-15 Min. backen, bis der Käse geschmolzen und leicht gebräunt ist.

6. Sämtliche Kräuter abbrausen, trocken schütteln und die Blätter bzw. Dillspitzen fein schneiden. Den Schnittlauch in feine Röllchen schneiden.

7. Zitrone auspressen. Frischkäse, Sahne, restliches Olivenöl und Zitronensaft mit etwas Salz und 1 Prise Zucker in eine Schüssel geben und mit dem Schneebesen glatt verrühren. Die Kräuter untermischen.

8. Die fertig gebackenen Kartoffeln aus dem Ofen nehmen, je zwei auf Tellern anrichten und mit der Frischkäsesauce garnieren. Sofort servieren.

Gams-Medaillons im Calvados-Rahm

pikant verfeinert mit grünem Pfeffer

4
Personen

20
Minuten Zubereitung

20
Minuten Braten

Zutaten
- → 1 Schalotte
- → 1 Apfel (z. B. Boskop)
- → 8 Gamsmedaillons (à 80 g)
- → 40 g Butter
- → Salz
- → ½ TL Zucker
- → 100 ml Calvados
- → 250 g Sahne
- → 1 EL eingelegte grüne Pfefferkörner

Tausch-Tipp
Dieses Gericht schmeckt ebenfalls köstlich mit Medaillons von allen anderen heimischen Schalenwildarten.

1. Backofen auf 140° vorheizen. Die Schalotte schälen, halbieren und in sehr feine Scheiben schneiden. Den Apfel schälen, vierteln und dabei das Kerngehäuse entfernen. Die Viertel in dünne Spalten schneiden.

2. Ein Backblech mit Backpapier auslegen. Die Gams-Medaillons mit Küchenpapier trocken tupfen, auf das Blech geben und im Ofen (Mitte) ca. 20 Min. garen.

3. Anschließend in einer Pfanne die Butter erhitzen. Die Gams-Medaillons aus dem Ofen und vom Blech nehmen, salzen und im heißen Fett von beiden Seiten bei großer Hitze kurz braun anbraten. Aus der Pfanne auf einen Teller heben und abgedeckt beiseitestellen.

4. Die Schalotte im heißen Bratfett andünsten und mit ½ TL Zucker sowie 1 Prise Salz goldbraun karamellisieren. Die Apfelspalten dazugeben und von beiden Seiten kurz anbraten, dann Calvados und Sahne angießen, die Pfefferkörner hinzufügen und die Sauce bei mittlerer Hitze cremig einkochen lassen.

5. Den Fleischsaft vom Teller in die Sauce rühren, diese mit Salz abschmecken und auf vorgewärmte Teller geben. Die Medaillons auf der Sauce anrichten und mit den Apfelspalten dekorieren. Sofort servieren.

Das schmeckt dazu
Als Beilage empfehle ich in Salbeibutter angebräunte Schupfnudeln oder Knöpfle (kleine runde Spätzle).

Rosa Rückensteak vom Sikahirsch

mit Ziegenkäse und Akazienhonig

4
Personen

15
Minuten Zubereitung

20
Minuten Braten

Zutaten

- → 8 Steaks vom Sikahirsch-Rücken (à 100 g, küchenfertig pariert)
- → 1 Rolle Ziegen-Camembert
- → 8 TL Honig (z. B. Akazie, ersatzweise milder Blütenhonig)
- → 4 EL Olivenöl
- → Fleur de Sel
- → schwarzer Pfeffer (frisch genmahlen)
- → 8 Zweige Rosmarin

Tuning-Tipp
Wer zu seinem Steak lieber eine fruchtige Note mag, der verwendet statt Honig ein Wildpreiselbeer- oder Hagebutten-Chutney (> Info »Das schmeckt dazu«).

1. Den Backofen auf 140° vorheizen. Ein Backblech mit Backpapier auslegen. Die Steaks mit Küchenpapier trocken tupfen und auf das Blech geben. Im vorgeheizten Ofen (Mitte) ca. 15 Min. garen, dann herausnehmen. Den Ofen auf 220° Grillfunktion umschalten.

2. Währenddessen das Öl in der Pfanne erhitzen, die Steaks mit Fleur de Sel und Pfeffer würzen und bei großer Hitze beidseits kurz braun anbraten.

3. Die Ziegenkäserolle in acht ca. 2 cm dicke Scheiben schneiden, je eine mittig auf ein Steak legen und mit je 1 TL Honig beträufeln. Das Blech mit den Steaks wieder in den Ofen (Mitte) schieben und den Ziegenkäse kurz kastanienbraun grillen.

4. Inzwischen den Rosmarin abbrausen, die Spitzen abzupfen und trocken tupfen. Die Steaks aus dem Ofen nehmen, auf vier Tellern anrichten und die Rosmarinspitzen mittig auf dem Käse platzieren. Nach Belieben mit etwas Honig, Fleur de Sel und Pfeffer würzen und sofort heiß servieren, bevor der Käse kalt wird.

Das schmeckt dazu

Für ca. 1 kg Birnen-Feigen-Chutney 700 g reife Birnen schälen, entkernen und in kleine Würfel schneiden. Je 75 g getrocknete Feigen und Datteln entstielen beziehungsweise entkernen und fein hacken. 4 Schalotten und 2 Knoblauchzehen schälen, fein würfeln. 1 Stück Ingwer (1,5 cm) schälen und ebenfalls sehr fein würfeln. In einem Topf 2 EL Öl erhitzen, Schalotten darin so lange anschwitzen, bis sie glasig sind. Dann Ingwer und 5 frische Lorbeerblätter dazu geben und alles mit etwa 50 g Zucker leicht karamellisieren. 2 TL Salz hinzufügen, 100 ml Aceto balsamico bianco sowie 125 ml Apfelsaft angießen , alles aufkochen und etwas einreduzieren. Birnenwürfel, Feigen, Datteln und 2 TL 5-Gewürze-Mischung dazu geben, gut unterrühren und bei kleiner Hitze 10 Min. einköcheln lassen. Anschließend die Lorbeerblätter entfernen, nochmals mit Salz, Zucker und Essig abschmecken und das Chutney sofort randvoll in sterilisierte Gläser füllen. Diese mit Schraubdeckeln fest verschließen, sofort umdrehen und etwa 5 Min. auf den Deckeln stehen lassen. Fest verschlossen und kühl aufbewahrt ist das Chutney ca. 6 Monate haltbar.

Überbackener Fasan »Carina«

lässt sich prima vorbereiten

4
Personen

45
Minuten Zubereitung

120
Minuten Kochen

30
Minuten Backen

Zutaten
- → 500 g weißer Spargel
- → 2 TL Zucker
- → Salz
- → 4 gelbe Zwiebeln
- → 6 Möhren
- → 1 Stange Lauch
- → ¼ Knolle Sellerie
- → 750 Champignons
- → ½ Bund Petersilie
- → 2 Fasane (küchenfertig)
- → 180 g Butter
- → 250 g Wildschweinspeck oder Wildschinken
- → 6 EL Mehl
- → 2 TL Currypulver
- → 250 g Sahne
- → weißer Pfeffer (frisch gemahlen)
- → 400 g Emmentaler Käse am Stück, grob gerieben

Praxis-Tipp
Die Fasane sind fertig gegart, wenn sich die Keulen ohne größeren Widerstand vom Korpus abzupfen lassen.

Speeding-Tipp
Mit bereits vorgegartem Fasanenfleisch geht die Zubereitung deutlich schneller. Statt der Suppe nimmt man dann mehr Spargelsud zum Aufgießen der Mehlschwitze oder nutzt einen Geflügel- oder Wildfond.

1. Spargel waschen, holzige Enden abschneiden. Die Stangen schälen und in etwa 4 cm lange Stücke schneiden. In einem Topf etwa 1,5 l Wasser aufkochen, 1 EL Zucker und 1 TL Salz hinzugeben und die Spargelstücke darin in 3-4 Min. weich garen. Danach durch ein Sieb abgießen und den Sud auffangen.

2. Die Zwiebeln schälen, drei davon vierteln, die letzte fein würfeln. Die Möhren schälen und längs halbieren. Den Lauch putzen, längs aufschneiden und gründlich waschen, dann in grobe Stücke schneiden. Sellerie schälen und halbieren. Die Pilze putzen, bei Bedarf mit einem Tuch abreiben und in feine Scheiben schneiden. Petersilie abbrausen, trocken schütteln und mit Küchengarn zusammenbinden.

3. In einem großen Topf reichlich Wasser zum Kochen bringen. Die Fasane mit Küchenpapier abtupfen und mit Möhren, Sellerie, Lauch und den Zwiebelvierteln in das kochende Wasser geben. 1 TL Salz und 1 TL Zucker hinzufügen und alles ca. 2 Std. bei kleiner Hitze und aufgelegtem Deckel köcheln lassen.

4. In einer großen Pfanne 80 g Butter erhitzen. Den Speck in sehr feine Würfel schneiden. Die Zwiebelwürfel im heißen Fett andünsten und mit 1 TL Zucker und 1 Prise Salz goldbraun karamellisieren. Den Speck und die Champignons dazugeben, alles gut verrühren, kurz anbraten, pfeffern und vom Herd nehmen.

5. Ofen auf 180° (Umluft) vorheizen. Fasane aus der Brühe nehmen, die Haut entfernen und das Fleisch in eine Schüssel zupfen. Die Brühe durch ein Sieb gießen und auffangen, das Gemüse entsorgen. Im heißen Topf die übrige Butter schmelzen, das Mehl darin anschwitzen und nach und nach so viel von der Suppe und dem Spargelsud im Wechsel angießen, bis eine cremige Sauce entsteht. Curry und Sahne hinzufügen und mit Salz, Pfeffer und Zucker abschmecken.

6. In eine große Auflaufform erst den Spargel, dann das Fasanenfleisch, dann die Pilze schichten und alles mit der Sauce übergießen. Den Käse reiben und gleichmäßig darüber verteilen. Im Ofen (unten) ca. 30 Min. überbacken, bis der Käse goldbraun ist.

Sachregister

Rezeptregister

Über den Autor und die Fotografin

Gabriel Arendt ist Koch aus Leidenschaft, Jagen ist seine Passion und Angeln sein Hobby – letztendlich endet alles immer in der Küche.
Als Freunde ihn bei SAT.1 »The Taste« anmeldeten, rieten ihm Alexander Herrmann und Co.: Behalte deine Erfahrungen nicht für dich. Und so teilt Gabriel mittlerweile als Privat- und Event-Koch seine Liebe zum Genuss mit Gleichgesinnten.
Mehr über Gabriel: www.gabriel-arendt.de

Dorothee Gödert ist Foodfotografin mit Gaumen, Leib und Seele. In ihrem bestens ausgestatteten Studio in Frankfurt am Main fotografiert und kocht sie seit 1998.
Nach Beendigung der Fotografenausbildung assistierte sie in unterschiedlichen Bereichen der Fotografie, bevor sie sich selbstständig machte.
Zu ihren Auftraggebern gehören renommierte Verlage, Werbeagenturen und Direktkunden.
Mehr unter: www.d-goedert.com

Danksagung des Autors
Mein besonderer Dank gilt meinem Vater und meiner Mam, die mir sowohl das Jagen als auch das Kochen bereits mit in die Wiege gelegt haben.
Ich danke der Familie Leuschner in Namibia. Ein Großteil dieses Buches ist während meines mehrmonatigen Aufenthalts in Afrika auf deren schöner Farm von mir Korrektur gelesen worden.
Meinen guten und langjährigen Jagdfreunden danke ich für die vielen unvergesslichen Stunden in Euren Revieren, auf gemeinsamen Jagden, vor Lagerfeuern, bei gutem Whisky und für die Inspiration zu immer neuen raffinierten Wildgerichten.
Last but not least danke ich der geduldigsten und besten Redakteurin der Welt, Sonja Forster, Dr. Stefanie Gronau, meiner Lektorin, die ebenfalls sehr viel Geduld und starke Nerven in der Zusammenarbeit mit mir bewies, und Dorothee Gödert für die fotografische Umsetzung meiner Gerichte.

DIE KÖNNTEN SIE AUCH INTERESSIEREN.

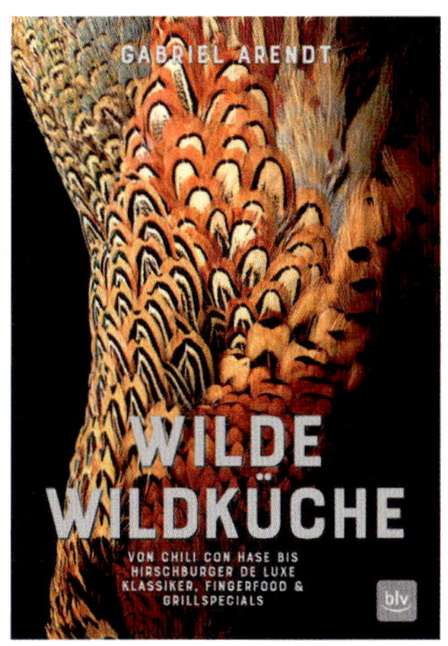

ISBN 978-3-8354-1825-7

ISBN 978-3-96747-013-0

ISBN 978-3-8354-1722-9

ISBN 978-3-8354-1967-4

ISBN 978-3-96747-031-4

ISBN 978-3-8354-1702-1

Auch als E-Book erhältlich

Mehr von BLV auf **www.blv.de**

Impressum

BLV ist eine eingetragene Marke der GRÄFE UND UNZER VERLAG GmbH, www.blv.de

ISBN 978-3-96747-061-1
1. Auflage 2021

Projektleitung: Sonja Forster, Fabian Barthel
Lektorat: Dr. Stefanie Gronau
Korrektorat: Anne-Sophie Zähringer
Umschlaggestaltung: kral & kral design,
Dießen a. Ammersee
Herstellung: Petra Roth
Layout: kral & kral design,
Dießen a. Ammersee
Satz: Anton Walter, Gundelfingen
Repro: medienprinzen, München
Druck: Firmengruppe APPL, aprinta druck, Wemding
Bindung: Conzella, Pfarrkirchen

Umwelthinweis:
Nachhaltigkeit ist uns sehr wichtig. Der Rohstoff Papier ist in der Buchproduktion hierfür von entscheidender Bedeutung. Daher ist dieses Buch auf PEFC-zertifiziertem Papier gedruckt. PEFC garantiert, dass ökologische, soziale und ökonomische Aspekte in der Verarbeitungskette unabhängig überwacht werden und lückenlos nachvollziehbar sind.

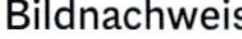

Bildnachweis

Cover (U1) und Umschlagrückseite: Dorothée Gödert
Foodfotografie: Dorothée Gödert; Zubereitung und Styling: Laurent Gruner

Arendt, Gabriel: 4, 6, 10, 12-1, 12-2, 13, 17-1, 17-4, 18, 19, 22, 24, 26, 62-2, 167-1, 190
Wöhrle, Christoph: 6, 166
Gräfe und Unzer Verlag / Fotos mit Geschmack: 40
Adobe stock / Bernhard 15, Adam Radosavljevic: 30; / Darko: 51, 83, 115; / Rainer Fuhrmann: 129; / adamfichna 148; / rodimovpavel: 167-2
GU / Rynio, Jörn 17-2, /Christian Teubner 17-3, GU / Mathias Neubauer 21
Alamy / BIOSPHOTO / Ervin Horesnyik 8, / Michael Krabs 14, / Panther Media GmbH / Trischberger Rupert 20, Arterra Picture Library/Arndt Sven-Erik: 50, / wonderful-Earth.net: 62, / McPHOTO: 82, / Jiri Hrebicek: 100, / Andrei Bortnikau: 101, / Klaus Steinkamp: 114, / Buschkind: 128-1, / Zamfir Cristian Ion: 128-2

Spuren Reh und Hirsch: **shutterstock / Potapov Alexander**
Spur Wildschwein: **shutterstock / Peter Hermes Furian**
Spuren Kaninchen und Hase: **shutterstock / IguanasBear**
Spuren Geflügel: **shutterstock / WinWin artlab**
Eichel und Eichenblatt: **shutterstock / mdlne**
Weitere Wald-Illustrationen: **shutterstock / Kate Macate**
Schieferfond Sonderseiten: **Adobe Stock / VITA Marketing**

Wichtiger Hinweis
Das vorliegende Buch wurde sorgfältig erarbeitet. Dennoch erfolgen alle Angaben ohne Gewähr. Weder Autor noch Verlag können für eventuelle Nachteile oder Schäden, die aus den im Buch vorgestellten Informationen resultieren, eine Haftung übernehmen.

Liebe Leserin und lieber Leser,
wir freuen uns, dass Sie sich für ein BLV-Buch entschieden haben. Mit Ihrem Kauf setzen Sie auf die Qualität, Kompetenz und Aktualität unserer Bücher. Dafür sagen wir Danke! Ihre Meinung ist uns wichtig, daher senden Sie uns bitte Ihre Anregungen, Kritik oder Lob zu unseren Büchern. Haben Sie Fragen oder benötigen Sie weiteren Rat zum Thema?
Wir freuen uns auf Ihre Nachricht!

GRÄFE UND UNZER Verlag
Grillparzerstraße 12
81675 München
www.graefe-und-unzer.de